探偵小説の英語

開拓社
言語・文化選書

86

探偵小説の英語

後期近代英語の観点から

秋元実治 著

開拓社

妻美晴に捧げる

は　し　が　き

　先に『Sherlock Holmes の英語』（2017）を出版したが，その後さらに広い英語史的コンテクストに Sherlock Holmes の英語を置いて，知りたいと思うに至った。著者の Conan Doyle が生きた時代はちょうど後期近代英語期（1700-1900/1950）に相当する。そこでこの時期に書かれたいくつかの作品を取り上げ，後期近代英語の発達との関連でそれらの作品の文法的特徴を記述しながら，英語史的観点からその連続性を眺めてみることは意味のある試みではないかと考えた。

　探偵小説と言っても，後期近代英語の観点からすると，Collins, Doyle, Chesterton そして Christie など，それほど多くない。そこで探偵小説の源流であるゴシック小説（gothic novel）を含めた作品をも取り上げることにした。そうすると，この時期に合致するゴシック小説がいくつかあることが分かった。たとえば，Walpole（1717-97）の作品，*The Castle of Otranto*（1764）は後期近代英語の初期に属し，Agatha Christie（1890-1976）の作品群は後期近代英語の後期に属する。このことから，本書では便宜上，ゴシック小説の記述から始まっているが，筆者はゴシック小説と探偵小説を同一視するものではない。両ジャンルには文体的にもかなりの相違があることは本書において見られる通りである。

　本書は I と II に分かれている。I においては各作品の文法的特徴を述べ，II においては I の特徴のいくつかについて英語史

全体の流れの中で，説明を試みた。ただし，紙面等の都合で述べることができなかった項目があるが，ご了承願いたい。

　本書の出版にあたって，初校ゲラを里見文雄氏に読んでいただき，多くのコメントをいただいた。また開拓社の川田賢氏には企画から編集まで大変お世話になった。両氏に心から感謝申し上げる。

　　2020 年 3 月 30 日

秋元 実治

目　次

II　全体の解説とまとめ

第1章　はじめに

　探偵小説の源流は 'Gothic novel' にあると言われている（*The Cambridge Guide to Literature in English*（1993: 252-253））。'Gothic novel' とは 18 世紀～ 19 世紀にかけてはやったロマンスのタイプである。この場合 'Gothic' とは 'wild', 'barbarous', 'crude' といった意味である。ゴシック小説の多くは中世の城や人里離れた山奥などを舞台に描かれている。

　探偵小説（detective fiction）は啓蒙時代の謎話（puzzle tale）や聖書にまで遡れるという歴史家もいるようであるが，一般的には 19 世紀に始まるとされており，その際，Edgar Allan Poe（1809-49）の役割が大きい。彼はヨーロッパのゴシック小説的伝統を借りつつも，個人的な心理的恐怖，それがさらに精神的分裂を引き起こすという社会現象での小説手法を確立した。その後，Collins の *The Moonstone* や Sherlock Holmes 物語が続き，探偵小説の広がりが始まる。

　本書はその構成を I と II に分けて探偵小説の英語について

記述しようとするものである。I では Walpole (1717-97) から Agatha Christie (1890-1976) を含めて，それぞれの作品の文法と文体的記述を行い，II ではこれらの文法的・文体的特徴を，後期近代英語を中心に英語史の観点から論じた。しかしながら，ここで強調したいのは，本書で 'Gothic novel' をいわゆる探偵小説として一緒に扱ったのは，上記の流れというより，英語史的観点からである。これらの作品の出版時期はちょうど後期近代英語期 (1700-1900/1950) に相当し，本書の狙いである後期近代英語との関連でこれらの特徴を記述することと合致するからである。

　取り上げた作品は Walpole: *The Castle of Otranto* (1764)，Radcliffe: *The Mysteries of Udolpho* (1794)，Lewis: *The Monk* (1796)，Shelley: *Frankenstein* (1818)，Collins: *The Moonstone* (1868)，Doyle: *The Complete Sherlock Holmes* (1887-1927)，Chesterton: *The Complete Father Brown Stories* (1911-1936)，そして Christie: *Hercule Poirot: The Complete Short Stories* (1923-1947) である。

　なお，'Gothic novel' の Vathek: *An Arabian Tale* (1786) や Dorothy Sayers (1893-1957)，Margery Allingham (1904-1966) などの女流作家も興味深いが，上述した作家と時代が重なっているため今回は取り上げなかった。

　以下において取り上げる作家と作品について簡単に紹介する。説明は主に *The Cambridge Guide to Literature in English* (1993) 等に基づいている。

1.1. Walpole, Horace (1717-97)

　ロンドンに生まれ，Eton および Cambridge King's College

で教育を受けた。1739 年，イタリアに旅行に出かけ，1741 年に
イギリスに帰国した時，Cornwall, Callington で MP に選出さ
れていた。同年に Twickenham に移り，そこで家をゴシック風
に建て直し，そのことが有名になり，後にゴシック小説を書く
きっかけとなったようである。*The Castle of Otranto* (1764) は
最初のゴシック小説と考えられている。

　物語としては，城主 Manfred は後継ぎを殺され，娘を自ら
誤って殺し，本来の領主 Alfonso の亡霊に悩まされ，奪ってい
た位を正当な後継ぎに返すというものである。

1.2.　Radcliffe, Ann (1764–1823)

　ロンドンの商人の娘として生まれ，William Radcliffe と結婚
する。夫が *The English Chronicle* の編集長であることなどから，
芸術的・文化的環境に身を置くことができ，*The Mysteries of
Udolpho* (1794) をはじめ，何冊かのロマンス小説を出版した。

　なお，Jane Austen の *Northanger Abbey* (1818) には Rad-
cliffe の *The Mysteries of Udolpho* への言及がしばしば見られ，
風刺の的にもなった。

　物語としては，父母を失って孤児になった Emily de St Au-
bert は高圧的な保護者に恋人との間を裂かれて，Udolpho 城に
監禁され，さまざまな不気味なからくりに苦しめられるが，脱出
し，ついに恋人と結婚する。

1.3.　Lewis, Matthew Gregory (1775–1818)

　裕福な家庭に生まれ，Westminster School および Oxford の
Christ Church で教育を受けた。オランダ・ハーグのイギリス大

使館の担当官だった頃，19歳の時 *The Monk*（1796）を書き，大成功を収めた。他にも，*The Bravo of Venice*（1804）などもあるが，*The Monk* によって皆に記憶されている。

　物語は，スペインの高僧 Ambrosio が少年に扮して修道院に入ってきた淫婦 Matilda de Villanegas に誘惑され，堕落する。彼のもとに来る懺悔者の一人に恋し，罪状をくらませるためにその少女を殺す。宗教裁判において，死刑を宣告され，それから逃げるため悪魔の助けを借りるが，結局悪魔の手により破滅する。

1.4.　Shelley, Mary (Wollstonecraft) (1797–1851)

　哲学者であり，小説家である Godwin, William と小説家であり，教育者である Wollstonecraft, Mary の一人娘として生まれた。16歳の時，詩人 Shelley とフランスに駆け落ちし，スイスで結婚した。Shelley が1822年イタリアで死ぬまでその地にいたが，1823年イギリスに戻り，福祉・教育に尽くし，また作家として人生を送った。

　物語は，無生物に生命を与える術を知ったジュネーブの物理学者 Frankenstein は死人の骨から一つの人間の姿をした怪物を作るが，その怪物は人間以上の力を持ち，人々に危害を及ぼし，ついに自らの創造者 Frankenstein をも殺害する。

1.5.　Collins, Wilkie (1824–1889)

　William Collins の長男として，ロンドンに生まれた。最初 Collins は画家を志したが，1851年 Charles Dickens に出会うことによりその生涯は大きく変わった。Dickens の雑誌 *All the Year Round* に後に有名になる小説 *The Woman in White* や *The*

Moonstone を寄稿した。*The Moonstone*（月長石）はインドの伝承にあるイエローダイアモンドのことで，この「呪われた宝石」をめぐっての殺人事件の物語である。なお，*The Moonstone* (1868) は T. S. Eliot によると，'the first and greatest of English detective novels' と言われ，Conan Doyle の Sherlock Holmes 物語の先駆けとも考えられている。さらに詳しくは秋元 (2018) 参照。

1.6.　Doyle, Arthur Conan (1859–1930)

　1859 年エジンバラに生まれた。ランカシャーの Stonyhurst にあるイエズス会により運営されているパブリック・スクールで教育を受けた。1891 年ロンドンに移り，そこで医院を開業するが，ほとんど患者がくることはなく，そのことが逆に彼に小説を書く時間を与えた。1902 年にナイト爵に叙された。1930 年サセックスで死去した。さらに詳しくは，秋元 (2017) 参照。

1.7.　Chesterton, Gilbert Keith (1874–1936)

　ロンドンの Camden Hill St Paul's School and the Slade で教育を受けた。美術批評から分筆活動にはいった。小説家であると同時に詩人でもあり，イギリスのイギリスらしさを賛美する詩が多く，前近代的世界のロマンを賛美した。

　この作品に出てくる素人探偵 Father Brown は実在の人物に基づいているらしいが，Chesterton のアイデアである。ブラウン神父に関しては，'... he had a face as round and dull as a Norfolk dumpling; he had eyes as empty as the North Sea ...' (p. 4)（彼の顔はノーフォークの団子のように丸く，凡庸としており，目は

北海のようにうつろだった）と描写されている。

　なお，同時代の有名な人物としては，Churchill, Sir Winston (1874–1965) や Maugham, Somerset (1874–1965) がいる。

　この作品に収録されている物語は大別して，The Innocence of Father Brown (1911)，The Wisdom of Father Brown (1914)，The Donnington Affair (1914)，The Incredulity of Father Brown (1926)，The Secret of Father Brown (1927)，The Scandal of Father Brown (1935) である。

1.8. Christie, Agatha (1890–1976)

　デヴォン州トーキーで，アメリカ人の父とイギリス人の母との間に生まれ，中産階級の静かな家庭に育った。80 冊以上の本を書き，まさに探偵小説の女王にふさわしい。代表作品には *The Murder of Roger Ackroyd* (1926)，*Murder on the Oriental Express* (1934) などがある。

　本書に出てくる探偵はベルギー人 Hercule Poirot である。小柄で，大層な口ひげをたくわえ，'broken English' を話すことによって，相手に安心感を与える。その 'the little grey cells' of the brain（小さな灰色の脳細胞）を使って，事件を再構成し，真相に迫る。大体において，イギリス人は崇高な孤立を愛し，大陸の人間に不信感を持っており，探偵に外国人を登場させたことは，ある意味 Christie のイギリス（人）への皮肉ともとれる。Christie は Sherlock Holmes を愛読し，実際小説中にも Holmes の相棒の Watson に似せた Captain Arthur Hastings が出てくる。

第2章　後期近代英語

　後期近代英語期は通常，1700-1900 年であるが，Kytö et al. (2006: 1) は 1700-1950 年間としている。この間 'little "happened" in the domain of syntax' (Rydén (1998 [1984]: 223)) であるとして，この期間の研究はないがしろにされてきた。しかし Kytö et al. (2006: 1) によると，後期近代英語の研究は前の時代と現代英語をつなぐ点，また全体の史的発達を知る上で，きわめて重要である。後述するように，後期近代英語はほとんど変化がないどころか，きわめて重要な相違が多く見られ，現代英語を知る上で，重要な時期であることが分かる。

　後期近代英語の形態的・統語的特徴として，Mondorf (2011) や Aarts et al. (2012) は，再帰形の減少，-ing comp (補文) の拡大，命令的仮定法 (mandative subjunctive) の復活，get-passive 構文の発達，進行形の確立，迂言的 'do' の規則化，補文組織の変遷，などをあげている。さらに，19 世紀の英語の特徴として，Görlach (1999: 69-91) は 'be' 完了用法，語順，特に 'if' の

ない文における 'had', 'were', 'should', 'could' の倒置，'take a look' や 'fall flat' などの動詞句の発達，進行形の増大，although, unless, if の後の仮定法の用法，助動詞，特に suppletive modals（be about to／will, shall）の使用，get-passive の増大，そして 'that' から to 不定詞／-ing への交代などをあげている。

　山本（2018）は英語の標準化および規範文法の勃興を後期近代英語の特徴としてあげており，さらに文法的特徴として，関係代名詞，否定における助動詞 DO の多重否定，進行形とその受動態，そして 'be going to' の発達をあげている。

　以下，各作家ごとにその文法・文体的特徴について述べる。なお，テキストにより会話の部分がシングルとダブル・クォーテーションがあるが，そのまま収録した。例文末尾のカッコ内の数字は巻末のテキスト内のページを示す。また，作家名で表記し，そのカッコ内の数字は作品の刊行年を示す。ただし，Sherlock Holmes はよく知られているので，Doyle ではなく Sherlock Holmes で表し，その引用例には各物語名で示した。

I

各作品の文法・文体的記述

第3章　**Walpole（1764）**

1.　挿入詞

　まず，挿入詞の例をあげる。挿入詞とは，Quirk et al.（1985: 1112–1118）の 'Comment Clause'（評言節）とほぼ同義で，その特徴は，節レベルの「一人称＋現在形動詞」の形で，意味において，話者・書き手の認識的判断を表すものと言えよう。

1.1.　主な挿入詞

　多い順にあげると以下の通りである。

1.　I believe
2.　I hope
3.　I fear
4.　I suppose
5.　I ween
6.　I guess

7.　I own

8.　I think

　Walpole において挿入詞は多くない。最も多いのは 'I believe' および 'I hope' で 'I think' は一例にすぎない。なお，'I ween'（＝I think）は OED によると，'used parenthetically (esp. *in I ween*) rather than a governing the sentence. In verse often a mere tag.'（文を支配するというより挿入詞的に使われる（特に I ween の形で））。韻文ではしばしば単なる付加語として）と説明されている。

　以下，例を示す。

(1)　He, *I ween*, is no sacred personage, nor under the protection of the church.　(94)

　　　（彼は，私は思うに，高潔な人物ではありませんし，教会の保護のもとにあるわけでもありません）

(2)　Satan himself *I believe* is in the great chamber next to the gallery.　(32)

　　　（サタン自身は，私は信じていますが，廻廊のとなりの立派な部屋にいます）

(3)　*I hope* my dearest Isabella does not doubt her Matilda's friendship …　(84)

　　　（私の最愛のイザベラがマチルダの友情を疑うようなことがないよう願っています）

(4)　A young man, said Matilda―I believe―*I think* it was that young man that―What, Theodore? Said Isabella. (84)

　　　（若者よ，とマチルダは言った――私が信じるには――私が思う

には，あの若者です──なんて言いましたっけ，セオドール？
イザベラは言った）

1.2. 'Methinks' (＝it seems to me)

多くないが，いくつかの例がある。

(5) I heard nothing to the contrary─Yet *methinks* the
prince's earnestness─ (61)
（逆のことは何も聞いていません──だが王子の真面目さになる
と，私にはそう思われるのですが …）

OED (*impers. v.*) によると，'methinks' の syntax ははっき
りせず，14 世紀過ぎまで残っていたが，1250 年以降は広く使わ
れなくなっていった。後述参照。

2. Pray

Walpole においても 'pray' は丁寧な言い方としてしばしば使
われる。'pray' の発達に関しては，Akimoto (2000) 参照。

(6) Ay, *pray* do, my lord, cried all the servants at once. (33)
（ああ，ぜひそうしてください，ご主人様。全ての召使は一
斉に叫んだ）

(7) Now, *pray*, madam, observe─ (43)
（さ，奥様，よく注意して見てください）

(8) No, *pray* let me go … (98)
（いいえ，どうぞ放してください）

3.　合成述語構文

合成述語構文（composite predicate construction）とは,「軽動
詞（do, give など）＋(a)＋動詞派生名詞」の形からなる構文で,
特に近代英語に入り発達した。その発達および用法等に関して
は, Brinton and Akimoto (1999) 参照。

3.1.　**Do**

(9)　… I have *done a good deed* in delivering the princess
from thy tyranny.　(52)

（私は王女を汝の暴政から救い出すという立派な行為を行った）

(10)　Oh! Could—but it cannot be—ye are lost in wonder
—let me at last *do justice* on myself.　(108-9)

（ああ出来れば——出来るはずがないが——あなたは不思議の中
にさまよっている——私自身を正当に扱うようにさせてください）

3.2.　**Give**

(11)　That lady, whose resolution had *given way to* terror
the moment she had quitted Manfred …　(24)

（マンフレッドから逃げた瞬間, 決心から恐怖に崩れ落ちたあ
の婦人は …）

(12)　The peasant, who had fled on the first onset, had *given
the alarm* to some of Manfred's domestics …　(74)

（百姓は最初の攻撃で逃げてしまったが, マンフレッドの使用
人たちの幾人かに非常を知らせた）

3.3. **Have**

(13)　But perhaps, added the princess moderately, you *have no reason* to leave the castle.　(28)

（しかし多分，と王女は謙虚に付け加えた。あなたが城を離れる理由はありません）

(14)　… though I *have the honour* of being your maid of honour …　(41)

（私は閣下の女官であることの名誉をうけていますが …）

3.4. **Make**

(15)　The knight *made no reply*.　(62)

（騎士は答えなかった）

(16)　… nor had he man moments to *make an essay* …　(28)

（彼は試みるのに多くの時間がなかった）

(17)　… in the mean time she has *made her escape* …　(32)

（その間彼女は脱出した）

3.5. **Take**

(18)　… whoever you are, *take pity on* a wretched princess standing on the brink of destruction …　(27)

（あなたが誰であれ，破滅の縁にいるあの哀れな王女に情けをかけてください）

(19)　I reminded her of the transitory condition of mortality, and advised her to *take the veil* …　(60)

（私は彼女に死すべきはかない状況を思い起こさせ，尼になる
よう勧めた）

(20)　… she *took leave of* Frederic, and led the company
forth.　(82)

（彼女はフレデリックからはなれて，一行を誘導した）

4.　再帰動詞

　再帰動詞の使用はそれほど多くない。以下頻度の高いものの例
を示す。

(21)　She *addressed herself to* every saint in heaven, and in-
wardly implored their assistance.　(26)

（彼女は天国のあらゆる聖者に語りかけた。そして彼らの援助
を心から哀願した）

(22)　… he *flattered himself* that she would not only acqui-
esce with patience to a divorce, but would obey …
(35)

（彼女は我慢して，離婚を黙認するだけでなく，従うであろう
と彼は自惚れていた）

(23)　Then shutting the door impetuously, he *flung himself*
upon a bench against the wall …　(22)

（それからドアを性急に閉めて，彼は壁に背にしたベンチに身
を投げ出した）

(24)　*Submit yourself to* the church; and cease to persecute
her ministers …　(57)

（教会に服従して，牧師達を迫害することを止めなさい）

(25) Manfred placed the marquis next to Matilda, and *seated himself* between his wife and Isabella. Hippolita *comported herself* with an easy gravity. （101）
（マンフレッドは侯爵をマチルダの隣に座らせ，自分自身は妻とイザベラの間に座った。ヒッポリタは気楽の中にも真面目に振る舞った）

5． 仮定法

'that' 節内は 'should' が原則である。いわゆる命令的仮定法（mandative subjunctive）はまだないようである。

5.1． 通常の仮定法

(26) … yet it is very *particular* though, *that my lady Isabella should* be missing the very same day. （43）
（主人のイザベラがその日を逃してしまうとは何とも奇妙だ）

(27) … he was retired to his chamber, and had *commanded that nobody should* have admittance to him. （20）
（彼は部屋に戻った。そして誰も入らないよう命令した）

(28) Why, my lord, if it *please* your highness to hear me, said the poor fellow. （31）
（ああ，ご領主様，もしお気に召して，私の言うことを聞いてくださるなら，とそのあわれな男は言った）

5.2.　倒置による仮定法

次例のように，‘if’が省略されて，倒置が起こる例は多い。

(29)　… he was a captive to the infidels, or dead; and *were he living and at home*, would he …?　(66)

（彼は異端者の虜になっていたか，あるいは死んでいるかだ，そして彼が生きて，故郷にいたなら）

(30)　*Should we be found together*, what would a censorious world think of my conduct?　(73)

（我々が一緒にいるところを見つけられたら，口やかましい世間は私の行為をどう思うでしょうか）

6.　動詞＋補文

6.1.　Acquaint＋with / that

(31)　Theodore went pensively to the convent, to *acquaint* his father *with* his deliverance.　(71)

（セオドールは沈痛な面持ちで修道院に行き，彼が救出されたことを父親に知らせた）

(32)　The surgeons soon came to *acquaint Hippolita that* none of the marquis's wounds were dangerous.　(77)

（医師団が間もなく来て，侯爵の傷は大丈夫であることをヒッポリタに知らせた）

OALD には ‘acquaint ～ that’ のパターンはない。

6.2. Consult＋to V

(33) Command me to the piety of a young fellow and a damsel that *consult to elope*!　(44)

（駆け落ちに同意する若者と乙女の信心に任せるのが一番良い）

'consult to V' パターンは OALD にはない。

6.3. Demand of＋that

(34) Matilda *demanded of* Isabella the cause of her flight. (84)

（マチルダはイザベラに逃走の原因を尋ねた）

OED (*demand, v.* 12) には 'To ask, inquire, make inquiry. a. *of,* ＋at the person asked; ＋b. *of* the object asked about' とある。OALD には見当たらない。

6.4. Deserve＋that

(35) I do not *deserve that* you should delay his satisfaction for me.　(57)

（あなたが私のために彼を満足させることを遅らせるには値しません）

OED に例はない。

6.5. Endeavour at+ing

(36) ... the same reflection determined him now to *endeavor at obtaining* the consent of Frederic to this marriage. (59)

(同じ反省がこの結婚に対するフレデリックの同意を得る努力に向かわせた)

OED (*v*. 3.c.) には 'at' があるが 'ing' の付いた例はない。

6.6. Recollect+to V

(37) He *recollected to have heard* this tradition ... (72)

(この伝統を聞いた覚えがある)

『研究社新英和大辞典』には 'recollect ～ing/that' はあるが, OALD にはこのパターンはない。

6.7. Venture+ing

(38) ... encouraged her to *venture disobeying* the orders he had given ... (20)

(彼が下した命令にあえて従わないように彼女をはげました)

『研究社新英和大辞典』や OALD にはない。

7．否定

7.1．**Know not**

　圧倒的に多いのは 'know not' であるが，'do not know' も少数ある。

(39)　I *know not* who he is …　(76)

　　　（彼が誰だか知りません）

(40)　How this young man can be Alfonso's heir *I know not*
　　　—yet I do not doubt it.　(109)

　　　（この若者がアルフォンソ——の跡取りだなんて私は知りません
　　　——でも疑っていません）

7.2．**Doubt not**

　'doubt' はしばしば 'doubt not' の形で現れる。

(41)　Oh! *doubt not* my obedience, my dreadful obedience
　　　to him and to you.

　　　（ああ，私の服従を疑わないでください——彼やあなたに対して
　　　の恐ろしいまでの服従を）

(42)　I *do not doubt* but he has some talisman or other
　　　about him.　(44)

　　　（彼には魔除けか何かがあるのを疑っていません）

(43)　… though he *did not doubt* but he could alarm her pi-
　　　ety not to consent to a divorce …　(60)

　　　（彼は彼女の信心に警鐘を鳴らして，離婚に同意しないようで
　　　きればと疑っていません）

8.　構文的イディオム

構文的イディオムに関しては，後の議論を参照されたい。

8.1.　Be accustomed to

(44)　… she *is not accustomed to watch* at this late hour.
(34)

（彼女はこのような遅い時間に起きていることには慣れていない）

8.2.　Lest ～ should

(45)　… yet he did not dare absent himself from the Convent, *lest* Isabella *should* leave it …　(60)

（イザベラが修道院から逃げないように彼は留守をしないようにした）

8.3.　There is no ～ing

(46)　… *there's no resisting* one's vocation …　(39)

（天職に抵抗しても無駄だ）

8.4.　Please＋to V

(47)　*Please to repeat* your questions, my lord …　(51)

（ご領主様，どうぞ質問をもう一度言ってください）

8.5. **Regardless (of)**

(48) Hippolita, scarce more alive than her daughter, was *regardless of* every thing but her …   (106)

(ヒッポリタは娘同様ほとんど生きている感じがせず，彼女以外は全て無視した)

'regardless of' の文頭の例は OED では 1667 年。'regardless'
の副詞用法は 1872 年である。

9. まとめ

1. 挿入詞はそれほど多く使われていない。また，動詞の
    後は 'that' 節はほとんど現れない。
2. 'methinks' や 'methought' など，また 'I ween' など初
    期近代英語期からの引き継ぎ形もある。
3. 'pray' は使われている。
4. 否定形 'know not' が多い。
5. 仮定法もよく使われ，その際，'that' 節内は 'should'
    が用いられる。
6. 「動詞＋補文」構造では，現代英語にないいくつかのパ
    ターンが存在する。

第4章　**Radcliffe（1794）**

1.　挿入詞

1.1.　主な挿入詞

まず，多い順に並べると以下の通りである。

1.　I believe
2.　I think
3.　I fear
4.　I hope
5.　I suppose
6.　I know
7.　I fancy
8.　I trust
9.　I find／I beg（同数）

次のような特徴がある。

(i) 'I believe' は文頭に来て，'that' を取らないが，文中，文末にも現れる。

(ii) 'I think' は文頭に来ることが多く，大部分は 'that' を取らない。

(iii) 'I believe' は文頭に来て，'that'を取らないが，文中，文末にも現れる。

(iv) 'I suppose' は文末，文中が好まれる。

(v) 'I fear' は 'that' を取らないが，文頭に現れる。

(vi) 'I know' は 'that' を取ることが多い。

以下は例である。

(1) '… but *I believe* he will not form a worse opinion of me for my prudent conduct.'　(123)

（私の分別ある行動に対して，彼が私をそれ以上悪く評価するとは信じていません）

(2) 'It is inhabited, then.' 'No, not inhabited: the steward and housekeeper are there, *I believe*.'　(62)

（それではそこには人が住んでいないのですね。いいえ，住んでいないわけではありません。執事や家政婦はいると思います）

(3) 'Every part of the chateau and every part of the neighbourhood, too, has, *I believe*, been searched …'　(537)

（城のあらゆる所，そして近隣のあらゆる場所は調べられたと信じます）

(4) '*I think* I see at this moment all that could have been hinted, written there.'　(150)

（そこでヒントになったり，書かれたであろう全てをその時分

かったと思います）

(5) '… that such a spirit haunts those chambers can now, *I think*, scarcely be doubted.'　(538)

（そのような霊がこれらの部屋にさまよっているということは，今やほとんど疑いの余地はないと思います）

(6) '… So this, *I think*, lady, is the whole of what passed.'　(417)

（そこで，これが，奥様，過ぎ去ったものの全てだと思います）

(7) 'but *I fear* you will be wretchedly accommodated,' said he …　(33)

（あなたがひどいもてなしを受けるのではないかと心配です）

(8) 'Its former possessor, *I fear*, had some deed of conscience to atone for …'　(534)

（その城の前の所有者には償うような何らかの良心的な行為はないのでしょうか）

(9) '*I hope* you will long live surrounded by them.'　(66)

（子供たちに囲まれて長生きすることを願っています）

(10) 'You will not, *I hope*, persist in disclaiming your knowledge of the subject of my letter to him?'　(200)

（あなたは彼にあてた私の手紙の内容を知らないと言い通すことはないと思います）

(11) 'We entirely misunderstood each other, too, *I suppose*,' rejoined Montoni, in the conversation …'　(191)

（我々はお互いを全く誤解していたと思います，とモントニーは再び会話に加わって言った）

(12) 'Well, then,' said Emily, with assumed composure, 'it

is — Count Morano, *I suppose*.' (233)

（ええ，それでは，とエミリーは平静を装って言った。それは
モラノ伯爵だと思います）

(13) Annette paused a moment, and then said. 'O, but to
you, ma'amselle, to you I may tell you it safely, *I
know*.' (225)

（アネッタは一寸黙った。それから言った，ああ，お嬢様，あ
なたになら安心して話せます。分かっています）

(14) '*I know* you have meant well, but — say no more. — I
have quite dined.' (270)

（あなたが善意で言っていることは分かっているわ。でもそれ
以上言わないで — 食事は十分取りました）

1.2. I dare say

'I dare say' は多く使われている。

(15) '*I dare say* it will be very long, ma'amselle,' said
Annette. (245)

（それはとても長いことになりますよ，お嬢様，とアネッタは
言った）

(16) '… he knows well enough, *I dare say*, but he is as
close as his master. (286)

（彼はよく知っていると思いますよ，でも多分彼の主人とほと
んど甲乙のないものです）

(17) 'O very like it, *I dare say*,' interrupted Annette, 'and *I
dare say* too, if the truth was known, you shook from

head to foot.'（593）

（おそらくそのような（不安）のようなものです，とアネッタ
は口を挟んだ。真実が知れれば，貴方様は頭から足の先まで震
えることでしょう）

1.3. Methinks

稀に使われている。

(18) '… since it would be displeasing to you, but *methinks*,
my friend, you might rely on my discretion …'（539）
（あなたにはとても不愉快かもしれないが，ねえ，君，私の分
別に頼っていいと思うけど）

1.4. その他の挿入詞

1.4.1. I beg

(19) 'No, sir,' said Emily, '*I beg* you will proceed: I am
only distressed.'（475）
（いいえ，エミリーは言った。どうぞ話を続けてください。私
は悩んでいるだけです）

1.4.2. I beseech（you）

(20) '*I beseech you*, sir, be silent,' said Emily faintly …
（249）
（お願いですから静かにしてください，とエミリーは弱々しく
言った）

1.4.3.　I conjure

(21)　'… tell me all, *I conjure you*!'　(584)

　　　(お願いですから，私に全てを話してください)

1.4.4.　I entreat（you）

この表現は多く使われている。

(22)　'… and *I entreat* you will tell me all you have heard.'
　　　(148)

　　　(聞いたことを全部話してください)

(23)　'Well, my friend, press the subject no further.　*I en-
　　　treat you* …'　(539)

　　　(ああ，ねえ君，これ以上その話題を推し進めないでください)

(24)　'Tell me, *I entreat*, the particulars of what you know.'
　　　(584)

　　　(あなたが知っていることの詳細を私に話してください)

OED (*entreat*, *v.* 9.) には，'To make an earnest prayer or re-
quest to; to beseech, implore. Chiefly with *subord. clause* or
const. *to* with *inf.* Formerly also const. *of*, or with sb. As sec-
ond obj.' と説明されている。

1.4.5.　I protest

(25)　'*I protest* you are a Frenchman; I never heard a for-
　　　eigner say any thing half so gallant as that!'　(127)

　　　(あなたはフランス人ですね。私は外国人がその半分でも勇ま

しいことを言うのを聞いたことがない）

1.4.6.　I warrant

(26)　'*I warrant* we have not yet forgot St Thomas's eve last year.'　(575)

（われわれは昨年の聖トマスの前夜を確かに忘れていません）

(27)　'… it was diamond; but he has not got it on now: he saw me looking at it, *I warrant*, and took it off.'　(577)

（それはダイヤモンドであったが，今彼はそれを身に着けていない，確かに，私がそれを見ている様子を彼はじっと見ていて，ダイヤモンドを持ち去ったのだ）

OED（*warrant v.* 4.）には a. 'With clause as obj. chiefly in phrase *I warrant*, *I will*（*I'll*）*warrant*, often used colloq. As a mere expression of strong belief = 'I'll be bound'.' と説明されている。

2.　Pray

'pray' はよく使われている。その多くは動詞の前に置かれる。

(28)　'*Pray* inform me what did happen?' said Emily, with much emotion.　(84)

（何が起こったか，どうか教えてください，とメアリーは感情を込めて言った）

(29) '*Pray* let me hear the end of your story, I am weary.'
(225)

(あなたの話の終わりを聞かせてください，私は疲れています)

(30) '*Pray* proceed,' said Emily, 'I am interested.' (544)

(どうぞ続けてください，とエミリーは言った。私には興味が
あります)

3. 合成述語構文

3.1. Do

(31) The peasants of this gay climate were often seen on
an evening, when *the day's labour was done* … (7)

(一日の仕事が終わった時，この陽気な気候の百姓たちが夕方
見られた)

(32) '… but if you will *do me the honour* to visit my cot-
tage …' (65)

(もしあなたが私の小屋を敬意を表して訪ねてくれるなら)

(33) 'I should never have *done wondering*, if I was to live
here an hundred years.' (312)

(ここに100年間私が住むようなことがあっても不思議なこと
をしたとはならないでしょう)

3.2. Give

(34) St. Aubert *gave him a friendly smile* for his compli-
ment … (73)

（セイントオウバートは彼のお世辞に対して愛想の良い笑みを
与えた）

(35)　They were both too much engaged by the present mo-
ments to *give serious consideration to* the future.
(133)

（彼らは将来を真剣に考えるには現在の瞬間にあまりに捕われ
すぎていた）

(36)　Emily very readily consented, but though she could
now *give little assistance* … 　(606)

（エミリーはすぐさま同意した，しかしほとんど助けになるこ
とはないのだが）

3.3.　Have

(37)　'I *have reason* to believe he was the victim of his own
generosity …' 　(612)

（彼が自分自身の寛大さの犠牲になったことには信じる理由が
ある）

(38)　Madame Cheron *had a long conversation* with Valan-
court … 　(122)

（シェロン夫人はヴァレンコートと長い話をしていた）

(39)　She *had no doubt* but that the violent change in the
air, which the tempest produced … 　(354)

（嵐が起こしたのだが，空気の激しい変化を疑う余地はなかった）

3.4．**Make**

(40) Valencourt, highly flattered by his compliment, could
make no reply but by a smile of gratitude.　(53)

（ヴァレンコートはお世辞に大いに気を良くしたが，感謝の笑
みで答えた）

'make no reply' がほとんどである。

(41) 'But what *enquiries were made* concerning the lady?'
(226)

（しかしこの婦人に関してどんな問い合わせがあったのか）

(42) … for many rooms of the old building were even then
never *made use of* …　(445)

（この建物の多くの部屋はその時まで決して使われたことはな
かった）

3.5．**Take**

(43) '… events may call me to *take possession of* that same
villa, too …'　(16)

（行事があり，同じ別荘を持っていなければならないのかもし
れない）

(44) … when the province was over-run by troops of men,
who *took advantage of* the tumults, and became
plunderers.　(76)

（その地域が軍隊たちに侵略された時，彼らは騒ぎに乗じて略
奪者になった）

(45) '… I will not be disturbed in my own house by any letters, or visits from young men, who may *take a fancy to* flatter you.'　(120)

（私は家の中では若者からのどんな手紙や訪問にも邪魔されません。もっとも彼らはあなたにへつらうのが好きなようですが）

現代英語では 'take a fancy to NP'（OALD）。

4.　再帰動詞

再帰動詞の使用は多い。以下頻度順に例をあげる。

(46) 'I *find myself better* than I have been all day; this air refreshes me.　(67)

（今までよりずっと気分がいい。空気も爽やかだし）

(47) … they *seated themselves* on the turf …　(13)

（彼らは芝生の上に座った）

(48) A faintness suddenly came over Emily, and, unable to *support herself* …　(125)

（めまいが突然エミリーを襲い，自分自身を支えることができなくて）

(49) Valencourt, at length, seemed to *recollect himself*.　(105)

（バレンコートはついに思い出したようだ）

(50) Emily, who had risen early, *amused herself* with wandering before breakfast …　(115)

（エミリーは朝早く起きて，朝食前の散策を楽しんだ）

(51) These moments may never return; I cannot resolve to neglect, though I scarcely dare to *avail myself of* them. (102)

（これらの瞬間は二度と戻ってこないかもしれない。無視する気持ちになれないが，利用しようとはほとんど思わない）

5. 仮定法

5.1. 通常の仮定法

(52) 'If we don't kill them, they will hang us; *better they should die than we be hanged.*'　(576)

（もしわれわれが彼らを殺さなかったら，彼らはわれわれを首吊りにするでしょう。首吊りになるより彼らに死んでもらったほうがいい）

(53) The lonely aspect of her room made Emily *unwilling that Annette should leave her immediately* …　(223)

（部屋には寂しいところがあり，エミリーはアネッタが自分からすぐに離れるのが嫌だった）

5.2. 倒置による仮定法

(54) She would have left the spot immediately, *had she not been conscious* …　(125)

（彼女が … を意識していなかったら，その場をすぐに去ったであろうに）

(55) … which Madame Montoni would have expressed, *could she have been made acquainted with them.* (170)

（モントニー夫人はそれらのことを知らされていれば，表したであろう（不快））

(56) … he … did not scruple to threaten her with much greater severity, *should she persevere in a refusal.* (278)

（もし彼女が拒否し続ければ，彼はもっと激しく脅かすことに躊躇はなかった）

5.3.　間接的仮定法

主として，遠慮したり，外的知識の不確定を表したりする言い方で，丁寧さにも通じる（Quirk et al.（1985: 1047-1146），秋元（2017）参照）。

(57) The surgeon of the town was immediately sent for, *if a surgeon he could be called*, who prescribed for … (42)

（直ちに町の医者を呼びにやった，もし医者と呼べるとして，彼は … の処方箋を書いてくれた）

(58) … but apart from him, a conviction, *if such that may be called*, which arises from no proof … (200)

（彼は別にして，確信，もしそのように呼べるとして，それは何らの証拠から生まれるものではないが）

6.　動詞＋補文

6.1.　Avoid＋to V / ing

(59)　… which she had carefully *avoided to mention* … (540)

　　　（彼女が言うのを注意深く避けてきたことは）

(60)　Sometimes, however, she could not *avoid musing* upon the strange infatuation that … (355)

　　　（しかし時々奇妙なのぼせぶりについて考えざるをえなかった）

OED (*avoid, v.* †11) には 'Obs. Or arch. Const of senses 8–10: with *subord. cl.* To avoid *to do*.' とある。後述参照。

6.2.　Bear＋to V / ing / that

(61)　'I cannot *bear to* see you wasting in useless sorrow …' (23)

　　　（私はあなたが無益な悲しみの中で無駄に過ごすのを見るのに耐えることができない）

(62)　… he remained, without informing them of his situation; and now, being sufficiently recovered to *bear travelling* … (590)

　　　（彼らに状況を知らせないで，留まっていたが，今や旅行に行くに耐えられるほど回復したので）

(63)　'Emily, can you *bear that* we should part …?' (487)

　　　（エミリー，われわれが別れるのを耐えられるか）

OALD には 'bear 〜ing/to V' はあるが，'bear that' はない。

6.3.　Contribute+to V

(64)　… the observation did not *contribute to restore* her peace …　(128)

　　（観察していたが，そのことは心の平和を取り戻すことには役立たなかった）

OALD には載っていない。OED（*contribute,* 5.b.）には 'More usually *intr.* to contribute to（also+*for* or *to do*（anything）: to do a part in bringing（it）about; to have a part or share in producing.' とある。

6.4.　Forbear+to V/ing

OALD によると，'forbear' は to 不定詞を取り，'-ing' の時は 'from' を必要とするとあるが，Radcliffe では両方使われるが，to 不定詞のほうが多いようである。

(65)　… his features assumed a serious air, and he could not *forbear secretly sighing* …　(12)

　　（彼の表情には真剣な様相が漂い，密かにため息をつくことを禁じ得なかった）

(66)　The opinions delivered by M. Quenel, were such as St Aubert *forbore to reply* to …　(15)

　　（ケネル氏が述べた意見はセイントオウバートが答えるのには忍びなかった）

(67) '… I had only not *forbade* Monsieur Valencourt *from addressing* my family.'　(119)

（ヴァレンコート氏に私の家族には話しかけることを禁じただけではなかった）

6.5.　Propose＋to V／ing／that

OALD には全部取る例が載っているが，'that' を取った場合，'that' 内は仮定法の形のようである。その場合の 'propose' は 'suggestion' の意味であり，'ing／to V' の場合は 'intention' の意味である。Radcliffe では 'ing' のほうが多い。

(68) When Ugo was departed, Emily *proposed to walk* in the neibouring woods …　(390)

（ウーゴが去った時，エミリーは近くの森を散歩したいと提案した）

(69) On his return, he *proposed removing* a little higher up the mountain …　(52)

（帰途，彼は山をもう少し高く登りたいと提案した）

(70) … but Emily, ever watchful of his ease, *proposing that he should rest* …　(52)

（しかしエミリーは彼がくつろぐのを注意深く見つめて，休んではどうかと提案した）

6.6.　Recollect＋to V／that

(71) Her surprise and curiosity were indeed the greater, because she did not *recollect ever to have heard* him

mention the name of Villeroi.　　(71)

（彼がヴィレロイの名前を口にしたことを思い出せなかったが
ゆえによけい彼女の驚きと好奇心が大きくなった）

(72)　… she missed her bracelet, and *recollected that* she
had taken it from her arm after dinner.　　(13)

（彼女は腕輪がなくなっていることに気づき，そして食事のあ
と手から抜き取ったことを思い出した）

OALD には 'that' を取る形しか載せていない。

7.　否定

以下に 'do not＋V' ではない例を示す。'know not' が圧倒的
に多い。

(73)　'… alas! Madame St Aubert *knew not* that she left it
for ever.'　　(13)

（ああ，セイントオウバート夫人はその場所を永久に去ること
を知らなかった）

(74)　'You *know not*.'　　Said he, 'the many anxious hours I
have passed near you lately …'　　(104)

（あなたは最近あなたのそばで多く不安な時間を過ごしてきた
ことを知らないね，と彼は言った）

(75)　… Ludovico, who, she *doubted not*, would be zealous
in her cause …　　(411–2)

（ルドヴィコは，彼女が疑うまでもなく，彼女の目的には熱心
であったが）

8.　Be going to / be about to

この二つのパターンは Radcliffe に多く使われている。

(76)　'Listen to what I *am going to say*.'　(74)
(これから私の言うことを聞きなさい)

(77)　… the Carnival *is just going to* begin …　(162)
(カーニバルはちょうど始まろうとしていた)

'be going to' が過去形で使われる時，'when' 節がしばしば続く。

(78)　Blanche timidly smiled, and *was going to refuse,* when her father prevented her …　(573)
(ブランチはおどおどしながら笑った。そして拒否しようとした時，彼女の父親が彼女を止めた)

(79)　… now that he had recovered his senses, *was about to withdraw* from the corridor, when …　(254)
(回廊から引き下がろうとした時，彼が正気に戻った以上)

(80)　Madame Montoni *was about to speak,* but Emily quitted the room and retired to her own …　(195)
(モントニ夫人が話そうとしたが，エミリーは部屋を去り，自分の部屋に引き上げた)

8.1.　Impatient to be gone

(81)　… but Morano was *impatient to be gone* …　(253)
(しかしモラノは早く去りたかった)

(82)　Emily looked *impatient to be gone.*　(255)
　　　（エミリーは早く去りたかったようだった）

OED（*go*.48）は 'Uses of the pa.pple *gone* By a development from the ordinary use of *gone* in the perfect tense conjugated with *be*（esp. in sense 21），the phrase *to be gone* has assumed the sense: To depart（promptly or finally），to take oneself off.' と説明している。しかし特に 'impatient' との結合への言及はない。

9.　構文的イディオム

9.1.　**Be accustomed to**

'to' の後には動詞，動名詞そして名詞が来るが，Radcliffe においては動詞が多い。

(83)　… where I have *been accustomed to meet* you in thought.　(185)
　　　（思いにふけっているあなたに会うことに慣れているところで）

(84)　Emily *was now accustomed to* the way of living in the warm country …　(201)
　　　（エミリーはこの温かい地方に住む方法に今や慣れた）

9.2.　**Lest ～ should**

この構文は Radcliffe に多く現れるが，'lest ～ should' の前にしばしば 'fear' や 'dread' などを伴う。

(85) Every thing was so still, that she *feared, lest* her own light steps *should* be heard by the distant sentinels … (325)

(すべてがとても静かなので，彼女の軽い足取りが遠くの番兵に聞こえるのではないかと心配した)

(86) Emily … and *dreaded lest* this *should* draw upon her the vengeance of Montoni. (242)

(エミリーは … このことがモントニーの復讐を自分に引き寄せるのではないかと恐れた)

9.3.　There is no 〜ing

このパターンは Radcliffe には比較的多い。

(87) … but *there is no accounting* for tastes. (107)

(しかしたで食う虫も好き好き)

(88) 'But *there is no judging* what is for the best—*there is no knowing* what is for our good!' (264)

(しかし何が一番か判断できない──何がわれわれにとって良いことか分からない)

9.4.　Difficulty to V

(89) Ludovico had some *difficulty to prevent* her going into the supper-room. (630)

(ルドヴィコは彼女が食堂に行くのを阻止するのに少し苦労した)

OALD によると，'difficulty to V' は不可である。

9.5. The＋ing

この構文に関しては，後述の議論参照。

(90) St Aubert could not repent *the having taken* this fatiguing road …　(49)

（セイントオウバートはこの疲れさせる道を選んだことに後悔はなかった）

(91) … she did not dare to *avoid the having seen* that spectacle in the portal-chamber …　(342)

（入り口の部屋でその光景を見たあとあえて認めることはできなかった）

9.6. Take prisoner(s)

この構文に関しては，後述の議論参照。

(92) 'They were *taken prisoners*, perhaps?' said Emily. (361)

（彼らは多分捕らわれたのですね，とエミリーは言った）

(93) … when he was *taken prisoner* …　(427)

（彼が捕まった時）

(94) '… and I, with a few of my comrades, was *taken prisoner*.'　(430)

（何人かの仲間と私は捕らえれて）

(95) '… he has met with some of our people, and is *taken captive*.'　(369)

（彼はわれわれの市民の何人かに会って，捕らわれている）

10. まとめ

1. 'methinks' は残存している。

2. 'I dare say' は多く使われている。

3. 'pray' は多く使われている。

4. 'should', 'had', 'were' などが文頭に来て，倒置を起こす仮定法が多く使われている。

5. 'know not' という否定形が圧倒的に多い。

6. 'be going to' は多く使われている。

7. 'be accustomed to V' のほうが 'be accustomed to NP' より多い。

8. 'fear / dread lest ～ should' というパターンも多く使われている。

第 5 章　**Lewis（1796）**

1．挿入詞

1.1．主な挿入詞

　Lewis では挿入詞は多くなく，また多くは 'that' 節を取る。多い順にあげると以下の通りである。

1. I hope
2. I believe
3. I think
4. I suppose
5. I trust
6. I protest

　以下は例である。なお，このテキストでは名詞は大文字で書かれている。

(1) '*I hope, that* we shall live to see them just such Lads as Jacques and Robert.' (102)

(ジャックやロバートのような若者に生きて会えることを願っている)

(2) 'Oh! Segnor, *I believe that* your assurances of impatience are all very true …' (22-3)

(ああ，神父さま，あなたが性急さを受け入れてくれることは全く真実だと思います)

(3) 'The luckier fellow you; *I think*, Lorenzo, you were a considerable gainer by that loss …' (25)

(君は運のいいやつだ。思うに，ロレンゾ，あの損失でかなり得したのだ)

(4) '*I suppose, that* the poor little Wretch met with bitter bad treatment from him …' (13)

(あの小さな奴は彼からひどい仕打ちを受けたと思う)

(5) '*I trust that* my Parents will excuse my disobedience, and expiate by some other sacrifice my Mother's fatal vow.' (133)

(私の両親が私の不服従を許して，何らかの犠牲により，母親の運命的誓いを償うと信じます)

(6) '*I protest, that* I meant no harm.' (338)

(私は害する意図はなかったと言いたい)

1.2. 'Methinks / Methought' の例

(7) 'And yet *methinks*, I would fain bear with me some

token of your regard!'　(71)

（ですがあなたの尊敬の印を共有したいものです）

(8)　'*Methought* a radiant glory beamed round your head, and your countenance shone with the majesty of a God.'　(60)

（光り輝く栄光があなたの頭の周りに放たれ，あなたの顔つきは神の威厳で輝いていた）

2.　Pray

それほど多くないが，使われている。

(9)　'But *pray*, Cavaliers, may I not enquire your names?' (23)

（どうか騎士様，お名前をお聞きしてもよろしいでしょうか）

(10)　'And what interest, *I pray you*, should I have in detaining her?'　(221)

（彼女を引き止めることにどんな利益があるというのでしょうか）

3.　合成述語構文

3.1.　Do

(11)　'… the other Ladies have all laid their veils aside, to *do honour*, no doubt to the holy place …'　(11)

（他の婦人はヴェールを脇に置いて，その聖なる場所に敬意を表したことには疑いない）

(12) She *did* him *injustice*. (386)

（彼女は彼を不当に扱った）

(13) 'I have *done my duty*,' said Ambrosio to himself. (49)

（私は義務を果たした，とアンブロシオは独り言を言った）

3.2. Give

(14) … the Child himself could *give no account of* his Parents. (17)

（子供自身は両親について説明できなかった）

(15) No longer repressed by the sense of shame, He *gave a loose* to his intemperate appetites … (224)

（恥という感覚ではもう抑制されることはなく，彼は度を過ぎた食欲のなすがままに任せた）

(16) … He trembled to examine into the cause which *gave* them *birth.* (242)

（そういった感情を生み出す原因を調べることに気をやんだ）

3.3. Have

(17) '*Have* you then *any aversion to* Matrimony？' (15)

（結婚が大嫌いですか）

(18) '… Whatever falls out, we *have no reason* to complain of this adventure.' (116)

（何が起ころうとも，この冒険に不満を言う理由はありません）

(19) 'He must have *had a terrible tumble.*' (251)

（彼はひどい転び方をしたにちがいなかった）

3.4.　Make

(20)　Her niece was silent, but *made no further opposition*
to Don Lorenzo's efforts …　(11)
（彼女の姪は黙っていたが，ドンロレンゾの努力にこれ以上反
対しなかった）

(21)　'From that petition I conclude, that the little Antonia
has *made some impression* upon you.'　(24)
（あの哀願からあの小さなアントニアがあなたに何らかの印象
を与えたと推論できる）

(22)　'… I not only *made a considerable progress* in scienc-
es universally studied …'　(60)
（普遍的に研究されている科学にかなりの進歩をもたらしただ
けでなく）

3.5.　Take

(23)　He *took pleasure in* communicating to me some of his
knowledge.　(60)
（彼は自分の知識の一部を私に伝えることに満足した）

(24)　… I entreated permission to *take leave of* her, but
prayer was rejected.　(144)
（私は彼女から去る許可を懇願したが，私の願いは却下された）

(25)　On the contrary, *taking advantage of* her situation, the
Ravisher threw himself by her side …　(383)
（それどころか彼女の状況につけ込んで，略奪者は彼女の側に
身を投げた）

4. 再帰動詞

多く使われている。多い順にあげると，以下の通りである。

(26) He flew towards her, and *threw himself* at her feet.
(27)

（彼は彼女のほうに飛んでいき，足下に身を投げた）

(27) ... for She very seldom *found herself deficient* in words.　(15)

（というのは彼女は言葉につまることはほとんどなかった）

(28) The old Lady ... accepted the offer, and *seated herself* ...　(9-10)

（老婦人は申し出を受け入れて，座った）

(29) You have *abandoned yourself to* a Seducer's lust ...
(46)

（あなたは誘惑者の性欲に身を委ねた）

(30) The Lady *declared herself much fatigued* by her journey ...　(106)

（婦人は旅で疲れたと言明した）

OED (*declare, v.* 7.) には 'to declare oneself: a. to avow or proclaim one's opinions, leanings, or intentions; b. to make known or reveal one's true character, identity or existence; also *fig.* of things.' とあるが，'declare oneself＋形容詞／過去分詞' パターンは見当たらない。

5. 仮定法

5.1. 通常の仮定法

(31) The close connexion which now exists between us, makes me *anxious that* you *should* know every particular respecting me … (96)

（われわれの間に存在する緊密な関係により，私に関するあらゆる詳細を知ってほしい）

(32) … and *demand that* his Sister *should* be instantly given up to him. (209-10)

（修道女を直ちに彼に引き渡すべきだと要求した）

(33) He *took care* that not a board *should* creak under the foot … (299)

（彼は足下で板一枚も音を立てないよう注意した）

(34) 'May be so, but I *had rather She had stayed away.*' (109)

（そうかもしれないが，私としては彼女にどこかに行ってもらいたい）

5.2. 倒置による仮定法

(35) *Were He my Confessor*, I should never have the courage to avow one half of my peccadilloes … (22)

（彼が私の聴罪師なら，私の微罪の半分も告白する勇気を持たないだろう）

(36) He was immediately sensible of the extreme impropri-
ety, *should Matilda be permitted to remain in the Ab-
bey* …　(62)

（もしマチルダが修道院に残っていることを許されるなら，彼
はその極度の不義を直ちに知ることになった）

(37) *Had it been the offspring of mere licentiousness*,
would She so long have concealed it in her own
bosom?　(66)

（それが単に放蕩な子であったとして，彼女は胸の内にそのこ
とを長い間隠しておくことができるのか）

6.　動詞＋補文

6.1.　Conceal＋that

OALD には 'conceal the fact that' で，直接 'that' を取って
いる例はない。

(38) It would be perjury to *conceal that* a Woman is within
these Walls …　(64)

（これらの壁の中に女がいることを隠すのは偽証であろう）

6.2.　Contribute＋to V

(39) The strange Images which presented themselves on
every side *contributed to confuse* her.　(380)

（あらゆる側に姿を現したその奇妙な像は彼女を混乱させるの
に一役買った）

(40) The very excess of his former eagerness to possess Antonia now *contributed to inspire* him with disgust … (384)

（アントニアを自分のものにしたいという以前の熱心さの度が過ぎて，彼に嫌悪を今や植え付けることになった）

OED (5.b.) には 'More usually *intr. to contribute to* (also † *for*) or *to do* (anything): to do a part in bringing (it) about; to have a part or share in producing.' とある。

6.3. Decline＋ing

(41) … the Physicians *declined pronouncing* upon the consequences likely to ensue. (344)

（生じるであろう結果に意見を述べることを医者は拒んだ）

OALD には 'to V' のみ。Lewis には 'to V' は見当たらない。

6.4. Doubt＋that／whether／to V／ing／but

(42) But I *doubt, that* She might have saved herself the trouble! (14)

（しかし彼女がトラブルをなくすことができるか疑問だ）

(43) … She began to *doubt whether* I was in my right senses. (112)

（私が正気かどうか疑い始めた）

(44) … He *doubted not to retain* the esteem of Men, and even the protection of heaven. (227)

（人々の評価や天の加護を維持していくことには躊躇はなかった）

(45) … I cannot *doubt your obtaining* his approbation … (133)

（彼の承認を得ることには疑いはない）

(46) 'Should the Duke, your Uncle, give his consent, you need not *doubt obtaining* mine and my Daughter's …' (218)

（あなたの叔父である公爵が同意を与えるなら，私や娘の同意を得ることを疑う必要はない）

(47) I *doubted not but* the grains which I had observed, were poisonous … (115)

（私が観察した穀物に毒があることには疑いを持たなかった）

『研究社新英和大辞典』は「doubt の目的語としての clause は通例，肯定文では whether, if, when, what などに，否定文，疑問文では that に導かれる（この場合 that の代わりに but, but that を用いるのは《(口語)，but what を用いるのは《俗》，さらに肯定文で that を用いるのは不信を表す》としている。Cf. OED (*doubt, v.* 2.b.))。

6.5. Dread＋to V／ing

(48) *Dreading to create* suspicion by his stay, or betray himself by his mind's agitation … (333)

（彼の滞在により疑惑を起こすこと，あるいは心の高まりで自分自身をさらけ出すことを恐れて）

(49) The nearer that the time approached, the more did He *dread appearing* before the Throne of God. (436)
（その時が近づけば近づくほど，神の御座の前に現れることを恐れた）

6.6. Forbear＋to V

Lewis では to V のみである。

(50) The Monk looked upon him with compassion, and *forbore to interrupt* his meditations. (55)
（修道士は彼を同情を持って見つめ，彼の黙想を邪魔するのを控えた）

(51) Yet I *forbore to use* against your virtue those arms, with which yourself had furnished me. (82)
（だが私はあなたの徳に対して，この武器，それはあなた自身から提供されたものだが，を使うことを控えた）

6.7. Propose＋to V

Lewis では to V のみである。

(52) He *proposed to reconnoitre* the convent. (207)
（彼は修道院を偵察するよう提案した）

(53) There He *proposed to visit* her every night … (387)
（そこで彼は毎夜彼女を訪ねることを提案した）

7．否定

‘know not’ が圧倒的に多い。その他の ‘do not’ の付かない例
をあげる。

(54) ‘… you *know not* with what pain I should have re-
pressed the sentiment!’　(22)
（どんな苦痛で，気持ちを抑えてきたか，あなたには分からな
い）

(55) *Fear not*, Ambrosio!　(41)
（恐れるな，アンブロシオ）

(56) ‘I *care not*! I *care not*!’ She replied passionately.　(65)
（私は構わない，私は構わない，と彼女は情熱的に答えた）

(57) ‘I *doubt not, but* He will shelter you for the night with
pleasure.’　(98)
（彼は喜んで，今夜あなたを匿ってくれることには疑いはあり
ません）

8．　Get＋pp.

きわめて少ない。

(58) ‘… an Adventurer so called had found means to get
Introduced into the Castle of Lindenburg …’　(94)
（いわゆる冒険家はリンデンブルグ城に案内されて入る手段を
見つけた）

9.　構文的イディオム

9.1.　Be accustomed to

Lewis には to V / ing 共に現れる。

(59)　The Baroness Lindenburg … had *been accustomed to*
sacrifice the interests of others to her own …　（106）
（リンデンブルグ男爵夫人は自分自身のために他人の利益を犠
牲にすることに慣れていた）

(60)　But her mind *was* too much *accustomed to* the fallacy
of worldly friendships …　（264）
（しかし彼女の気持ちは世俗的な友情について誤った考えに慣
れていた）

9.2.　Lest ～ should

前部に 'fear', 'dread', 'tremble' が来ることが多く，その中
で 'fear' が最も多い。

(61)　The Prioress was anxious to keep the story a secret,
fearing lest the crime of one of its members *should*
bring disgrace upon the whole community.　（207）
（そのメンバーの一人の犯罪が社会全体に不面目をもたらすこ
とを恐れて，女修道士はその話を秘密にしておきたかった）

(62)　He *dreaded, lest* in a transport of jealous rage she
should betray the secret …　（257）
（嫉妬で怒り狂って，その秘密をばらすのではないかと恐れた）

(63) He even *trembled, lest* Matilda *should* betray him.
(240)

（マチルダが彼を裏切るのではないかと思うと，彼は震えさえ
した）

9.3. Difficulty to V

(64) 'He had some *difficulty to find* the Strade di San Iago,
though so near the Abbey.'   (251)

（修道院にとても近いストラーダデサンイアーゴを見つけるの
に多少苦労した）

'to V' は現代英語では不可である。

9.4. One's every N

Lewis に多い。

(65) *Her every* look and action expressed discontent and
impatience …   (100)

（彼女のすべての表情及び行動は不満といらだちを表していた）

(66) Jacques and Robert watched *my every* movement with
an attentive eye …   (112)

（ジャックとロバートは注意深い視線で，私のあらゆる動きを
見ていた）

(67) When this foible was called into play, *their every* other
sentiment, their every other passion yielded to its irre-
sistible strength.   (130)

（この弱点が活動し始めると，彼らのあらゆる他の情緒や他の
あらゆる情熱はその抵抗し難い力に屈してしまうのだった）

OED（*every, a.* I. 1.b.）には所有代名詞が‘every’の前に現れ
る例があり，初例は 1588 Shakespeare である。

9.5.　The＋ing

(68)　… his next step should be *the uniting* her hand to his.
(174)

（彼の次のステップは彼女と結婚することである）

(69)　He feared a repetition of the riots, which had followed
the apprehending the Prioress of St. Clare.　(394)

（彼は暴動の繰り返しを恐れた。それはセイントクレアの女修
道院長の逮捕につながった）

10.　まとめ

1.　挿入詞の使用は少ない。‘that’を取る例が多い。

2.　‘methinks’や‘methought’がまだ使われている。

3.　他作家に比べて，‘I hope’という挿入詞の使用が多い。

4.　‘I dare say’は使われていないようである。

5.　「所有代名詞＋every」は Lewis のみに現れている。

第6章　**Shelley**（**1818**）

1.　挿入詞

1.1.　主な挿入詞

　多い順にならべると，以下の通りである。全体として，挿入詞は少なく，特に 'I think'（1 例）はほとんど使われていない。

1.　I believe
2.　I hope
3.　I fear
4.　I confess
5.　I fancy
6.　I suppose
7.　I own
8.　I imagine
9.　I know
10.　I guess

11.　I trust

12.　I think

(1)　'… *I believe* I left him incredulous to the last …'
（59）

（最後まで彼を信じ難い状態にしておいたと信じます）

(2)　'They often, *I believe*, suffered the pangs of hunger
very poignantly …'　（108）

（身にこたえるような飢えからの苦痛に彼らはしばしば悩まさ
れたと私は信じます）

(3)　'*I hope* the character I have always borne will incline
my judges to a favourable interpretation …'　（80）

（私が常に持ってきた性格が判事を好ましい解釈に向けてくれ
ることを願っています）

(4)　'Dear sir, you are very kind to visit me; you, *I hope*,
do not believe that I am guilty?'　（85）

（まあまあ，親切にも私を訪問してくださって：私が有罪だな
んてあなたは信じないでしょう）

(5)　*I confess that* neither the structure of languages, nor
the code of governments, nor the politics of various
states possessed attractions for me.　（37）

（言語の構造も，国家の法典も，またいろいろな国の政治も私
には魅力がありません）

(6)　'*I fear* that the place is very shocking to you; can I do
anything to make you more comfortable?'　（173）

（その場所はあなたにショックを与えるものではないかと心配

です：あなたをもっと気持ちよくさせることが何かできます
か）

(7) 'Then *I fancy* we have seen him, for the day before
we picked you up …' (25)

（そうだとすると，あなたを連れ出す前の日，彼を見たような
気がします）

(8) *I suppose* some astonishment was exhibited in my
countenance … (173)

（私の表情に何らかの驚きが示されたと思いました）

1.2. I dare say

(9) Now, dear Victor, *I dare say* you wish to be indulged
in a little gossip concerning the good people of
Geneva. (65)

（親愛なるヴィクターさん，ジュネーブの善良な市民に関して
のささやかなゴシップに耽りたいと思いますね）

2. Pray

'Pray' は Shelley には現れていない。多分，会話文が少ない
ことによる。

3.　合成述語構文

3.1.　Do

(10)　… if any one performs an act of kindness towards him or *does* him *any the most trifling service* …　(25)

(もし誰かが彼に親切な行為をしようとしたり，あるいはどんな些細なことでも役に立とうとすると)

(11)　'Your threats cannot move me to *do an act* of wickedness …'　(162)

(あなたの脅しで，意地悪な行為をしようという気にはなりません)

3.2.　Give

(12)　But her temper was fluctuating; joy for a few instants shone in her eyes, but it continuously *gave place to* distraction and reverie.　(187)

(しかし，彼女の気持ちも揺れていた；ほんの瞬間，目の中に喜びが光るが，それが絶えず心の混乱や妄想に取って代わられてしまった)

(13)　'… you are to *give an account* of the death of a gentleman who was found murdered here last night.'　(168)

(昨夜ここで殺された紳士の死についてあなたは説明する義務がある)

(14) Even in my own heart I could *give no expression to* my sensations ... (144)

(私の心の中においてさえ，私の感動を表現することはできなかった)

3.3. Have

(15) When my guest was a little recovered, I *had great trouble* to keep off the men ... (25)

(私の客が少し回復した時，人々を近づけなくするのに大いに手間取った)

(16) 'I *have no doubt* of your success.' (48)

(私はあなたの成功を疑っていません)

(17) ... he *had reason* to believe that his residence at Leghorn had been divulged ... (123)

(彼のレグホーンの住居が漏らされたということを信じる理由がある)

3.4. Make

(18) When I was about five years old, while *making an excursion* beyond the frontiers of Italy ... (33)

(私が 5 歳頃，イタリアの境界を超えたところに旅行に行っている間)

(19) I *made some discoveries* in the improvement of some chemical instruments ... (50)

(私は化学器具を改良することにいくつかの発見をした)

(20) … when he praised, with kindness and warmth, *the astonishing progress* I *had made* in the sciences.　(66)

（彼が親切心と温かさで私が科学においてなした驚くべき進歩を賞賛した時）

3.5.　Take

(21) We accordingly lay to, hoping that some change would *take place* in the atmosphere and weather.　(23)

（したがって，われわれはうずくまって，周囲の状況や天候に何らかの変化があることを願った）

(22) In my education my father had *taken the greatest precautions* that my mind should be impressed with no supernatural horrors.　(50)

（私の教育において，父は私の心が超自然の恐怖に何ら驚かないよう最大の注意をした）

(23) My father made no reproach in his letters, and only *took notice of* my silence …　(54)

（私の父は彼の手紙には何ら非難めいたことは言わず，私の沈黙に気づいていただけだった）

4.　再帰動詞

それほど多くない。以下頻度の多い順に例をあげる。

(24) I felt cold also, and half frightened, as it were, instinctively, *finding myself so desolate*.　(99)

（私はまた寒く感じた。そして半分おびえて，いわば，本能的
に孤独であることが分かった）

(25) I *threw myself* into the chaise that was to convey me away and indulged in the most melancholy reflections. (44)

（私は寝椅子に身を投げた。それは私をどこかにつれていって
くれ，そしてもっと憂鬱な反省にひたった）

(26) … yet I could never *persuade myself* to confide to him that event … (66)

（だが自分を納得させ，あの事件を彼に打ち明けることはでき
なかった）

(27) I discovered the cause, and *busied myself* in collecting a great quantity of wood … (101)

（私は原因を発見して，大量の木を集めることに没頭した）

(28) There only remained a resolution to return to my ancient studies and to *devote myself to* a science. (47)

（古代の研究に戻って，科学に貢献するという決心だけが残っ
た）

5. 仮定法

5.1. 通常の仮定法

(29) I well knew that *if any other had communicated* such a relation to me, *I should have looked upon* it as the ravings of insanity. Besides, the strange nature of the

animal would elude all pursuit, even *if I were* so far credited as to persuade my relatives to commence it. (74)

（他の誰かがそのような話を私にしてもそれを狂気のたわごとと見なすであろうことはよく知っていた。その上，その奇妙な姿の動物はあらゆる追跡を逃れることだろう，たとえこれまで信用があった私が親戚に追跡を開始するよう説得ができたとしても）

(30) '… the woman of the house in which they had lived *took care that Safie should* arrive in safety at the cottage of her lover.'　(123)

（彼らが住んでいた家の女はサフィーが恋人の小屋に無事に着くよう注意を払った）

(31) … he had, in concert with Elizabeth, *arranged that Clerval should* join me in Strasburgh.　(148)

（彼はエリザベスと一緒になって，クレーヴァルがストラスブルグで私と一緒になるよう手配した）

5.2.　倒置による仮定法

(32) Remember me with affection, *should you never hear from me again*.　(20)

（私から再びお便りを聞かないとしてもよろしくね）

(33) 'I should not have understood the purport of this book *had not Felix, in reading it, given very minute explanations*.'　(115)

（フェリックスが本を読んだ時，とても詳細な説明を与えなかっ
たら，この本の要旨を理解できなかったろう）

6. 動詞＋補文

6.1. Deserve＋to V

(34) And now, dear Margaret, do I not *deserve to* accomplish some great purpose?　(15)

（マーガレットよ，私は何か大きな目的を達成するには値しな
いだろうか）

6.2. Doubt＋that / whether

(35) '… nor can I *doubt but that* my tale conveys in its series internal evidence of the truth of the events … (52)

（私の話は連続して，事件の真実の内部的証拠を伝えているこ
とを私は疑っていません）

(36) I *doubted* at first *whether* I should attempt the creation of a being like myself.　(52)

（最初私のような生き物を造ろうとしたかどうか分かりません）

6.3. Endure＋to V / that

(37) I could not *endure to think of*, and far less to allude to, the occurrences of the preceding night.　(59)

（前の夜の出来事について考えもしなければ，言及することす
ら我慢できない）

(38) … yet I could not *endure that* he should renew his
grief by a recital of his misfortunes. (29)
（彼の不幸を話すことによって，悲しみを新たにするのは耐え
られない）

OALD にはこのパターンは載っていない。

6.4. Fear＋to V / but that

(39) 'Were we among the tamer scenes of nature, I might
fear to encounter your unbelief, perhaps your ridicule
…' (29)
（自然なもっと従順な場面にいたとしたら，あなたの不信，多
分あなたの嘲笑に出会うことを恐れることでしょう）

(40) 'I shall watch their progress with unutterable anxiety;
and *fear not but that* when you are ready I shall
appear.' (143)
（私は言いようのない不安で，その努力の進み具合を見守りま
しょう。そしてあなたが用意できたら，私は現れますが，怖が
らないでください）

6.5. Forbear＋ing

(41) So strange an accident has happened to us that I can-
not *forbear recording* it … (23)

（非常に奇妙な出来事がわれわれに起こったので，それを記録
せざるを得なかった）

(42)　… it is highly probable that these papers may never
reach you, yet I cannot *forbear recording* it.　(206)
（これらの手紙類はあなたの所に決して届かない可能性が高い
が，私はそのことを記録せざるを得ない）

7.　否定

'do not＋V' パターンが普通になったが，'V＋not' も残って
いる。

(43)　'I *do not know* that the relation of my disasters will be
useful to you …'　(29)
（私の災難について述べることがあなたに有益であるかは分か
らない）

(44)　'… I *knew not* whether it had remained there or
passed through …'　(137)
（それがそこに止まっていたか，通過してしまったかは分から
なかった）

(45)　… he *did not doubt* that, instead of doing harm, he
performed the kindest action that he could towards
them.　(60)
（害を与える代わりに，できるだけ親切な行為を彼らに向ける
ことを疑わなかった）

(46) … there was a frenzy in my manner, and something, I *doubt not*, of that haughty fierceness which … (193-4)

(私の態度には狂乱があり，疑いもなく，何か高慢な激しさのようなものがあった)

(47) '… the caves of ice, which I only *do not fear*, are a dwelling to me …' (97)

(氷の洞穴，それは恐ろしくないが，それが私の住まいである)

(48) '*Fear not* that I shall be the instrument of my future mischief.' (214)

(私が将来の悪さの道具になることを恐れるな)

8. Be going to / be about to / on the point of + ing

'be going to' は非常に少ない。'be about' および 'on the point of ～ing' は多く使われている。後述の議論参照。

(49) 'I *am now going to claim* the protection of some friends, whom I sincerely love …' (129)

(私が愛している何人かの友人を守ることを要求する積りだ)

(50) I *am about to proceed* on a long and difficult voyage, the emergency of which will demand all my fortitude … (15)

(私は長い，困難な旅路を進もうとしている：その突然の出発は私のすべての不屈の精神を要求することだろう)

(51) I *was about to form* another being, of whose dispositions I was alike ignorant … (160)

（私はもう一人の生物を形成しようとしたが，その性質に関しては同様無知であった）

(52)　"… your present humanity assures me of success with those friends whom I am *on the point of meeting.*"（131）

（あなたの現在の人間性により，私が会おうとしているこれらの友人に関して成功することを確信しています）

(53)　But he has already recovered his spirits and is reported to *be on the point of marrying* a very lively, pretty Frenchwoman …　(65)

（しかし，彼は元気を取り戻し，非常に陽気で，きれいなフランス人女性と近々結婚するらしい）

9.　構文的イディオム

9.1.　Be accustomed to

Shelley では to V/ing 半々ぐらいである。

(54)　… I threw the door forcibly open, as children *are accustomed to do.*　(59)

（子供がそうすることに慣れているように，私はドアをいきおいよく開けた）

(55)　I had *been accustomed*, during the night, *to steal* a part of their store for my own consumption …　(108)

（夜中私は自分自身の飲食のために貯えの一部を盗むことに慣れていた）

(56)　… among those who *are accustomed to the whale-fishing.*　(16)

（捕鯨に慣れている人々の間では）

(57)　… ill-suited to the temper of her soul, now *accustomed to* grand ideas and a noble emulation of virtue. (121)

（大層な考えや美徳の高尚な模倣に今や慣れた彼女の魂の気性には合わない）

9.2.　Lest 〜 should

(58)　… I lived in daily fear *lest* the monster whom I had created *should* perpetrate some new wickedness.　(89)

（私が創造した怪物が何らかの新しい悪さをしでかすのではないかといつも恐れて生活した）

(59)　… for the importance attached to its success inspired me with *a dread lest* I *should* fail.　(127)

（その成功に付随した重要性が失敗するのではないかという恐怖を植え付けた）

9.3.　The＋ing

(60)　… yet my chief concern in this respect has been limited to *the avoiding* the enervating effects of the novels of the present day …　(12)

（その点，私の主たる関心は現在の小説に与える気力を削ぐような効果を避けることに限った）

(61) Soon after this he enquired if I thought that *the breaking up* of the ice had destroyed the other sledge? (25)
(この後，すぐ氷を打ち砕くことがもう一つのそりを壊すことになると思っているかどうか彼に尋ねた)

10. まとめ

1. 挿入詞 'I think' は非常に少ない。
2. 'I dare say' も少ない
3. 'pray' も使われていない。
4. 'do not V' が優勢になってきた。
5. 進行形の代わりとして，'on the point of' がしばしば使われる。

第 7 章　**Collins**（**1868**）

1．挿入詞

1.1．主な挿入詞

多い順にあげると，以下のようになる。

1. I think
2. I suppose
3. I believe
4. I own
5. I hope
6. I confess
7. I suspect
8. I fear
9. I fancy
10. I presume
11. I imagine

12. I grant

(1) 'and *I think*, my lady, it will be cheaper to marry her than to keep her.'   (11)

（私は思うのですが，奥様，彼女を養うより結婚させた方が安上がりでしょう）

(2) What the servants chiefly resented, *I think*, was her silent tongue and her solitary ways.   (22)

（召使いが主に悔やんだことと言えば，彼女の沈黙と孤独癖だった）

(3) 'Did you notice the time? Was it late?' 'Not very. About twelve o'clock, *I think*.'   (342)

（時間のことに気づいていましたか？　夜遅かったのですか。そんなに遅くありません。12 時頃だったと思います）

(4) '*I suppose* I have no alternative but to send for the police?'   (80)

（警察を呼びに行く以外に選択肢はないと思います）

(5) Some joke tickled her, *I suppose*, of the sort that you can't take unless you are a person of quality.   (11)

（あなたが良質な人間でなければ受け取らないようなジョークで彼女を楽しませたと思います）

(6) 'He has learned that way of girding at us in France, *I suppose*.'   (36)

（われわれをあざ笑う術をフランスで学んだのだと思います）

(7) If I had not been too old for the amiable weakness of youth, *I believe* I should have blushed at the notion of facing him myself.   (110)

（若者の愛想のいい弱さに対して私が年をとりすぎていなかったら，私自身彼と面と向かって考えただけで赤面したでしょうと信じています）

(8) Some unbearable anxiety in connexion with the missing Diamond, has, *I think*, driven the poor creature to her own destruction.　(162)

（失ったダイヤモンドに関連して，耐え難い不安で，かわいそうに，彼女を自分自身の破滅に追いやったと信じています）

(9) 'Maybe, Miss Clack.　*I own* I don't know what it was.'　(219)

（多分クラックさん，白状しますが，それが何なのか知りません）

(10) '*I hope* you won't think yourself neglected, Drusilla,' she said.　(222)

（自分が無視されていると思わないことですよ，ドルシラさん，と彼女は言った）

(11) '*I suspect*, Betteredge, that I have been followed and watched in London, for the last three or four days …'　(27)

（ベトリッジ，私はこの 3, 4 日間，ロンドンで跡をつけられ，見張られていたのではないかと疑ってるんですよ）

(12) *I confess* it made me uncomfortable.　(138)

（実を言うと，そのことで不愉快になりました）

(13) 'The public curiosity, in certain quarters, is, *I fear*, taking that turn.'　(206)

（大衆の好奇心は，場所によっては，その方向に向かっている

のではないか)

(14) 'Perhaps, *I fancy* you may be all the readier to believe me, if you know what I have said to you … (376)

（多分，私が言ったことを知れば，あなたは私をすぐさま信じるのではないかと思います）

(15) 'And that discovery,' remarked my mistress, 'implies *I presume*, the discovery of the thief?' (106)

（あれを見つけたことは，と女主人は言った。多分泥棒を見つけたということですか）

なお，'as' を伴って現れる挿入詞もある。

(16) The little that I have to tell is (*as I think* I have already said) of some importance, nevertheless … (274)

（私が話さなければならないわずかなことはすでにお話ししたと思いますが，それにもかかわらず多少重大なのです）

(17) Good Mrs Yolland—*as I believe*—made some apologies for her daughter's odd behaviour … (301)

（人の良いヨランド夫人は──私はそう信じていますが──娘の奇妙な行動に対して謝罪した）

(18) 'The Indian met his death, *as I suppose*, by a mortal wound,' said Hercastle. (5)

（インド人は，私の想像ですが，致命的な傷を負って死にました，とハーカースルは言った）

(19) … he sang and played and composed a little—borrowing, *as I suspect*, in all these cases, just as he had

borrowed from me. 　(15)

（彼は歌を歌ったり，演奏したり，多少作曲したりしましたが
──私が思うに，これらすべて借り物です。ちょうど彼が私か
ら借金をしたように）

1.2.　I dare say

文頭，文中，文末，すべてにおいて現れる。

(20)　*I dare say* I had deserved his reproof …　(118)
（私は彼の非難に値したと思う）

(21)　'You have heard, *I dare say*, of the original cause of
Mr Candy's illness?' he resumed.　(367)
（キャンデー氏の病気のもともとの原因についてあなたは多分
聞いただろう，と彼は再び話し始めた）

(22)　I shook my head at that. Wonderfully clever, *I dare
say,* but my own experience was dead against it.　(173)
（私はそれに対して首を振った。素晴らしく利口だ，多分，し
かし私の経験では，全く反対だ）

2.　Pray

Collins では 'pray' は少なからず使われている。'let' の前に
置かれることが多い。

(23)　Without my diary, I doubt──*pray* let me express it in
the grossest terms!──if I could have honestly earned
my money.　(192)

（日記がなくて疑わしいが——最も粗野な言い方で表現させてください——もし私が本当にお金を得たいのであれば）

(24)　'*Pray* let me see you measure out the laudanum …(414)

（アヘンチンキを量り分けるのをどうか見せてください）

3.　合成述語構文

3.1.　Do

(25)　… and all they spoilt, to *do them justice*, was the paneling of a door.　(50)

（彼らを公平に評価すれば，彼らが駄目にした全てと言えば，ドアの羽目板であった）

(26)　'If I can *do you the little service*, Mr Blake …'　(391)

（もし私が多少なりともお役に立つとすれば，ブレイクさん）

3.2.　Give

(27)　The very birds of the air, as it seems to me, *give* the Shivering Sand *a wide berth*.　(23)

（空中のまさに鳥たちは，私にはそう思えるのだが，シヴィリングサンドを避けている）

(28)　Mr Bruff took her hand, and *gave* it *a little squeeze*.(256)

（ブラフ氏は彼女の手を取って，少し握りしめた）

(29)　'I think I can *give a guess* at what it means, sir,' said
　　　the Sergeant.　(440)
　　　（それがどういう意味か推測できると思います，と巡査部長は
　　　言った）

3.3.　Have

(30)　'I'm half inclined to think I took Mr Murthwaite too
　　　seriously, when we *had that talk* in the shrubbery.'
　　　(77)
　　　（その話を藪の中でした時，マースウェイトさんのことを深刻
　　　に受け取りすぎたと，半分そう思う気持ちになっています）

(31)　'Mr Betteredge,' he said, '*have* you *any objection* to
　　　oblige me by shaking hands?'　(114)
　　　（ベトリッジさん，と彼は言った，恩着せがましく握手をする
　　　のに反対ですか）

(32)　… I *had another attack* of the detective-fever, when
　　　he said those last words.　(152)
　　　（これらの最後の言葉を彼が言った時，私の探偵熱がまた出て
　　　きた）

3.4.　Make

(33)　'I have *made some discoveries* in London about my
　　　uncle Hercastle and his Diamond …'　(29)
　　　（私は叔父のハーカースルや彼のダイヤモンドについてロンド
　　　ンでいくつか発見した）

(34) … when the plain truth is, they are only *making a mess* in the house.   (50)

　　（有り体に話せば，彼らは家で騒ぎを起こしているだけです）

(35) 'It's no part of my duty, Mr Betteredge,' he answered, 'to *make remarks* on a case, when I have done with it.'   (175)

　　（ベトリッジさん，終えてしまった事件について述べることはそれは私の義務の一部ではありません，と彼は答えた）

3.5.　**Take**

(36) Seeing *the pleasure* which Mr Franklin and Miss Rachel *took* in each other's society …   (51)

　　（フランクリンさんとレイチェルさんがお互いに交際を楽しんでいるのを見て）

(37) He *took* about as *much notice of* her as he took of the cat ….   (57)

　　（彼は猫についてと同様に彼女にも気がついた）

(38) 'I have *taken an extraordinary liking to* you.'   (114)

　　（私はあなたがとても好きになった）

4.　再帰動詞

　最も多く使われているのは，'find oneself + comp' である。以下，頻度順にいくつかの例をあげる。

(39) As it turned out, I *found myself standing* nearly in the same place where … （121）

（実際，ほとんど同じ場所に立っていることが分かった）

(40) … our young gentleman, at his aunt's request, took a seat and *explained himself.*　（82）

（若い紳士は叔母の要請に応じて座り，自分の立場を説明した）

(41) Having said that, the fisherman came a step nearer, and *addressed himself to* me.　（57）

（そう言って，漁師は一歩さらに近づいて，私に話しかけた）

(42) I began to *recover myself.*　（250）

（私は回復し始めた）

(43) He tugged hard at his beard, and went and *shut himself up* in the library …　（62）

（彼は髭を引っ張って，行った。そして図書室に閉じこもった）

5.　仮定法

5.1.　通常の仮定法

Collins においては 'should', 'had', 'were' などの倒置による仮定法は見られないようである。以下の例のように，'if' によるパターンが普通である。

(44) *If I had been forty years younger*, I might have had a chance of catching them …　（47）

（もし私が 40 歳若かったら，彼らを捕まえる機会があったかもしれない）

(45) *If I had contemplated interposing any remonstrance of my own humble devising*, I might possibly have still hesitated.　(257)

（もし私がささやかに工夫した抗議のようなものを口に挟むことを考えていたら，多分ずっとためらっていたであろう）

　命令，提案等の動詞，形容詞の後では，that 節内は 'should' が普通であるが，それ以外の助動詞も使われた。

(46) 'And Miss Clack, on her side, is most *anxious that* her letters *should* be produced to speak for themselves.' (239)

（クラック嬢は，彼女の側にしてみれば，手紙を示して，それ自身で語るように願っています）

(47) … she herself *requested that* her visit *might* be deferred to a more favourable opportunity.　(240)

（彼女自身もっと好ましい機会まで訪問を延ばしてほしい旨要求した）

5.2.　間接的仮定法

(48) … she had come to my cottage to wheedle me (*if I may use such an expression*) into giving up my hard out-of-door work as bailiff …　(12)

（彼女は私の小屋に来て，私を口車に乗せて（もしそういった表現を使うことを許されるなら），土地管理人のような屋外でのつらい仕事をやめるようにそそのかした）

6. 動詞＋補文

6.1. Decline＋to V / ing

Collins では 'to V' のほうが多い。

(49) 'In your legal phrase, I *declined to act*.'　(259)
（あなたの法律用語で言えば，私は行動することを辞退した）

(50) Under these circumstances, and with the many de-
mands already made on him, he must *decline entering*
into any disputes on the subject of evidence.　(397)
（このような状況下で，また彼にはすでに多くの要求がなされ
ているので，証拠の件で争いに加わることを断らなければなら
ない）

OALD には 'ing' の例はない。

6.2. Forbear＋to V / ing

(51) Being old and sly, I *forbore to call out* …　(47)
（年を取っており，ずる賢いので，私は大声を出すのを控えた）

(52) Mr Franklin appeared to think it a point of honour to
forbear repeating to a servant …　(87)
（フランクリン氏は召使いに繰り返すのを控えることが名誉に
関わる問題だと考えているように見えた）

6.3. Object＋to V

(53) I couldn't well *object to improve* Sergeant Cuff in his geography. （118）
（カフ巡査部長に地理をよく知ってもらおうということに異を唱えることができなかった）

(54) 'And I shall have a service to ask of you afterwards, if you don't *object to assist* me.' （211）
（もし私への手助けがいやでなければ，後であなたに頼みたい仕事があります）

OALD には 'object to V' パターンはないが，OED（*object, v.* 7.b.）には 1885 年の例がある。

6.4. Prefer＋ing

Collins では 'ing' のほうが多い。

(55) '… I *prefer tearing* it up to throwing it away upon such a man as you!' （348）
（あなたのような男にその手紙を投げつけるより破いたほうがよかった）

(56) '… if I could have foreseen the price that was to be paid for it, I should have *preferred leaving* you in the dark. （351）
（それへの支払いの代価を予見できたら，あなたに知らさずにおくほうを選んだのに）

6.5.　Propose＋to V / ing

Collins では 'ing' のほうが多い。

(57)　I *propose to tell* you …　(445)
　　　（あなたに話すことを提案するが）

(58)　'I *propose explaining* the case to the servants.'　(107)
　　　（私はこの件を召使いに説明するよう提案した）

7.　否定

Collins では 'do＋not' が普通になっている。

(59)　'I *don't suspect* any person in the house of thieving—
　　　up to the present time.　(109)
　　　（今のところ家の中で盗みの疑いのある人はいません）

(60)　'Whether … or … I *do not presume* to inquire.　(205)
　　　（… かどうかは私は尋ねるつもりはありません）

8.　Be going to

Collins では多く使われている。

(61)　'For goodness' sake, tell us what you *are going to* do
　　　with the servants now?'　(152)
　　　（お願いですから，召使いをどうしようとするのか教えてくだ
　　　さい）

(62)　'So much for two of the three things that *are going to* happen,' I said.　(178)

(これから起ころうとする三つのうちで二つはこれでいい，と私は言った)

(63)　'When *are you going to* give me the laudanum?' asked Mr Blake impatiently.　(413)

(いつ私にアヘンチンキをくれるのですか，とブレイク氏はいらいらしながら尋ねた)

9.　Get+pp.

Collins ではそれほど多くない。

(64)　After looking at it silently for so long a time that Miss Rachel began to *get confused*.　(65)

(黙って長い間それを見ていたので，レイチェルは混乱し始めたが，その後)

(65)　… after they had *got released* from prison …　(21)

(牢獄から開放された後で)

10.　構文的ディオム

10.1.　Be accustomed to

'be accustomed to V' のほうが 'be accustomed to NP' よりやや多い。なお，'be accustomed to ing' は見当たらなかった。

(66)　… the farmer had a spare bedroom and parlour, which *he was accustomed to let* to artists, anglers, and tourists in general.　(295)

（農夫は余分の寝室と居間を持っており，それを芸術家，釣り
人そして旅行者一般に貸すのに慣れていた）

(67)　‘Have you ever *been accustomed to the use* of
　　　opium?’　(376)

（アヘンを使うのに慣れていますか）

10.2.　Lest 〜 might

(68)　‘I was afraid to put it off till next day (the Friday);
　　　being in doubt *lest* some accident *might* happen in the
　　　interval.’　(315)

（私は次の日（金曜日）までそれを延ばすのを恐れた；何らか
の事件がその間に起こるのではないかと疑っていたので）

10.3.　There is no 〜ing

Collins においては多く使われている。後述の議論参照。

(69)　On he went, with a cordiality that *there was no stop-
　　　ping* anyhow.　(67)

（彼はとにかく止めることはできないぞという心からの誠意で
進んだ）

(70)　If I give them cause to think themselves suspected a
　　　second time, *there’s no knowing* what obstacles they
　　　may not throw in my way—the women especially.
　　　(107)

（もし私が 2 度目に自分が疑われていると思う理由を彼らに与

えたら，彼らは私を邪魔するするどんな障害を――特に女だが，
投げるか分かったものではない）

(71)　*There was no moving* her—there was nothing more to
be said.　(146)

（彼女を動かすことはできなかった――これ以上言うことはな
かった）

10.4.　Please＋to V

Collins に多く見られる。後述の議論参照。

(72)　*Please to remember*, I opened the book by accident …
(8)

（覚えておいてください。私は偶然本を開いたのです）

(73)　'*Please not to tell* my lady I am discontented—I am
not.'　(25)

（女主人様には私が不満であると言わないでください――そうで
はありません）

10.5.　If you please 〜

このパターンも多く見られる。

(74)　'No, sir.　What's your interpretation, *if you please*?'
(42)

（いいえ，あなたの解釈はどうですか，もしよければ）

(75)　'Tell him, *if you please*, what you have just told me.'
(71)

（あなたが今私に話してくれたことを彼に話してください）

OED（*II.6*.b.）参照。Shakespeare では 'if you be pleased' と 'if you please' の両方ある。

11. まとめ

1. 挿入詞 'I think' が最も多く使われる。'I dare say' も多い。
2. 倒置による仮定法がほとんど見られない。
3. 'please to V' パターンが多い。後述。
4. 'please' はまだ見られないようである。後述。
5. 'decline to V/ing' はどちらも使われていた。この点に関しては，後述。

第 8 章　**Sherlock Holmes（1887–1927）**

Sherlock Holmes の英語に関しては，すでに秋元（2011, 2017）で述べた。本章においては，できるだけ重複は避けて，全体との関連で，必要な項目について述べる。

1.　挿入詞

1.1.　主な挿入

多い順に 10 選び，それらの例をあげる。

(1)　"*I think*, Watson, *that* you have put on seven and a half pounds since I saw you."　　(A Scandal in Bohemia: 162)
　　　（ワトソン君，君に会って以来，7.5 ポンド太ったと思うよ）

(2)　"You have no further evidence, *I suppose*, than that which you have placed before us …"

(The Five Orange Pips: 223)

（ここにある以上の証拠はないと思うね）

(3)　"Watson, *I fear that* you will find it very slow, but I shall only be away a couple of hours."

(The Boscombe Valley Mystery: 209)

（ワトソン君，少しゆっくりしているような気がするが，2 時間ほど留守にするよ）

(4)　"*I believe that* a single lady can get on very nicely upon an income of about £ 60."

(A Case of Identity: 193)

（独身女性でしたら約 60 ポンドの収入でかなり楽な生活ができると思いますよ）

(5)　"But *I confess that* I don't see how you arrive at it."

(The Sign of Four: 91)

（しかし，白状すると，君がどのようにそこに到ったかは分からない）

(6)　"Oh, you must not discourage me, Mr. Holmes.　*I know that* all is well with him."

(The Man with the Twisted Lip: 239)

（ああ，私をがっかりさせないでください，ホームズさん。彼に関してはすべてうまく行っていることを知っています）

(7)　"Well, Watson, we are, *I fancy*, nearing the end of our quest …"　　(The Blue Carbuncle: 253)

（さあ，ワトソン君，われわれの追跡も終わりに近づいていると思う）

(8)　"Then you'll get your job, *I guess*.　Have any friends?"　　(The Valley of Fear: 817)

（それじゃあ，仕事を見つけるわけね。友達はいるの）

(9) "*I understand that* there are more vacancies than there are men …"　　　　　(The Red-Headed League: 179)

（人より多く空きがあることを理解しています）

(10) "You don't mind the smell of strong tobacco, *I hope*?"

(A Study in Scarlet: 19)

（君が強いタバコのにおいが気にならなければいいが）

1.2. I dare say

Quirk et al. (1985: 1114) は評言節の一つのタイプとして，話者のためらい（tentativeness）を表す，いわゆる「垣根評言」(hedge) の例として，このパターンをあげている。以下はそのいくつかの例である。なお，'I daresay' と一語化したものもある。

(11) "We have a cousin of his here, and *I daresay* he could tell you where he is."　　　　(The Six Napoleons: 589)

（ここに彼のいとこがいますが，多分彼がどこにいるか言ってはくれるでしょう）

(12) "*I dare say that* in the course of the day I shall drop in at Norwood and see how you are getting on."

(The Norwood Builder: 502)

（そのうちノーウッドにちょっと寄って，あなたがどうしているか見てみましょう）

2.　Pray

その発達過程に関しては，Akimoto（2000）参照。'pray' の用法の特徴の一つとして，文頭に現れることが多く，特に事件の依頼人に Holmes が話を促す場面に多い。

(13)　"*Pray* sit down on the sofa," said Holmes gently.

（The Boscombe Valley Mystery: 25）

（どうぞソファにお座りください。ホームズは優しく言った）

(14)　"*Pray*, what did you do then?" he murmured.

（The Naval Treaty: 452）

（それであなたは何をしたのですか。彼（ホームズ）はつぶやいた）

3.　合成述語構文

3.1.　Do

(15)　"Painful, is it?　Yes, the coolies used to *do some squealing* towards the end."　（The Dying Detective: 939）

（ああ，クーリー（アジア系出稼ぎ労働者）でも死に近づいたら悲鳴をあげたものだろう）

3.2.　Give

(16)　I *gave a cry* of surprise …

（The Man with the Twisted Lip: 243）

（私は驚きの叫びをあげた）

3.3. Have

(17) I *have no doubt* that he could see a great deal which
was hidden from me.　　　　　(A Study in Scarlet: 28)
（彼は私から隠されている非常に多くのことを分かっていることは疑いない）

3.4. Make

(18) On the other hand, the face and manner of my patron
had *made an unpleasant impression* upon me …

(The Engineer's Thumb: 279)

（一方，後援者の顔としぐさが私に不愉快な印象を与えた）

3.5. Take

(19) "Now, Mr. Soames, we will *take a walk* in the quad-
rangle, if you please."　　　(The Three Students: 602)
（さあ，ソームズさん，もしよければ，中庭を散歩しましょう）

4. 再帰動詞

圧倒的に多いのが，'find oneself＋comp'である。以下，多い
順に例をあげる。

(20) "… for I can hardly tell yet where I may *find myself*."

(The Sign of Four: 131)

(と言うのは，私はどこにいるか言うことがほとんど出来ない
のだ)

(21) "Mr. Latimer *seated himself* opposite to me and …"

(The Greek Interpreter: 438)

(ラテマーさんは私と向かい合って坐りました。そして)

(22) … said Holmes, laughing, as he *threw himself* down
into the chair once more.　　　　(A Case of Identity: 201)

(とホームズは笑いながら言って，再び椅子に身を投げた)

(23) There was a good deal of tidying up to do inside his
study and he *set himself to do* it … (His Last Bow: 974)

(書斎の中で片付けることが沢山あり，彼はそうする決心をし
た)

(24) "Why not *give ourselves up to* the unrestrained enjoy-
ment of the present?"　　　　(The Mazarin Stone: 1018)

(なぜ現在の自由奔放な楽しみに身を任せようとしないのか)

5.　仮定法

5.1.　通常の仮定法

(25) "Arthur *would rather* that we *spoke* the truth," the girl
answered firmly.　　　　　　　　(A Study in Scarlet: 44)

(アーサーはわれわれが真実を話してもらうことを望んでいる，
と少女は断固として答えた)

98

(26) "Well, Watson," said he, "*it is time* we *went* down to
St. Luke's. Can you do without breakfast?"

(The Three Students: 603)

(さて，ワトソン君，彼は言った。セントリュークへ行く時間
だ。朝食なしですませるがいいかい)

(27) "Why, otherwise, should he be so desperately *anxious
that* she *should* not get so near him as to see his fea-
tures?"   (The Solitary Cyclist: 531)

(そうでなければ，なぜ彼は自分の特徴が分かるほど彼女にそ
れほど近づいてもらいたくないと必死に願っているのかね)

5.2.　倒置による仮定法

(28) "*Were it not for the ugly wound upon my hand*, all that
had passed during those dreadful hours might have
been an evil dream."   (The Engineer's Thumb: 284)

(私の手に醜い傷がなかったら，あの恐ろしい時間に通り過ぎ
たすべてのことは悪夢であったことでしょう)

(29) *Had it been carried down from any neighbouring
street*, it must have passed the station barriers …

(The Bruce-Partington Plans: 915)

(もし近くの通りのどこからか運ばれてきたなら，それは必ず
駅のゲートを通ったはずだ)

5.3.　間接的条件法

(30)　"Your father has, *if I remember right*, been dead many
　　　years …"　　　　　　　　　　　　　　(The Sign of Four: 92)

　　　（もし私の記憶が正しければ，あなたのお父さんはずっと前に
　　　死んでいます）

(31)　"But there is, *if you will excuse my saying so*, some-
　　　thing just a little funny about it."

　　　　　　　　　　　　　　　　(The Red-Headed League: 182)

　　　（しかし，そう言っては失礼かもしれませんが，少しおかしい
　　　ところがあります）

(32)　"But *if I am not mistaken*, I hear him upon the stair,
　　　so we shall have something more interesting than his
　　　pipe to study."　　　　　　　　　　(The Yellow Face: 352)

　　　（しかし，もし間違っていなければ，私は彼が階段にいるのを
　　　聞いたし，彼のパイプ以上に調べるともっと面白いものがあり
　　　ますよ）

6.　動詞＋補文

6.1.　Know＋object＋(to) V

　OALD によると，'experience' の意味で，完了形が使われる
とある。Holmes の英語では to 付き，to なしの不定詞両方が見
られる。

(33)　Only once *Had* I *known him to fail*, in the case of the
　　　King of Bohemia and of the Irene Adler photograph

... (A Case of Identity: 198)

（彼がたった一度だけ失敗したのを知っているが，それはボヘ
ミアの国王とアイリーンアドラーの写真の件である）

(34) ... and I *have known him presume upon* his iron
strength until he has fainted from pure inanition.

(The Norwood Builder: 505)

（彼が全くの栄養失調で気を失うまで，彼の鉄のような強靭さ
に頼みすぎたことを私は知っている）

6.2. V＋oneself＋adjective

いわゆる結果構文で，Holmes においてはよく使われる。

(35) "Now, Watson, *confess yourself utterly taken aback*,"
said he. (The Dancing Men: 511)

（さあ，ワトソン君，全く面食らったと白状したまえ）

(36) "... he will squeeze and squeeze until he has *drained
them dry*." (Charles Augustus Miverton: 572)

（彼は絞りに絞って，ついにそれらを乾燥させてしまった）

(37) ... he was well convinced that walk where we would,
we could not *walk ourselves clear* of the danger which
was dogging our footsteps. (The Final Problem: 477)

（どこへ歩いて行こうとも，われわれの後をついてくる危険か
ら歩いて逃げることができないことを彼は十分知っている）

7. 進行形と複合前置詞

Sherlock Holmes において，'be + ing' という進行形は多く現れるが，同時に複合前置詞，'in the act of' や 'on the point of' などにより表されることも少なくない。後述の議論参照。

(38) He would seize the coat, then, and be *in the act of* throwing it out, when it would occur to him …

(The Man with the Twisted Lip: 236)

（彼はコートを手にして，それを外に投げ出そうとした時，彼に思い浮かんだのは）

(39) An inspection of the chair showed me that he had been *in the habit of* standing on it.

(The Speckled Band: 273)

（椅子をよく調べてみると，彼がその上に立っていたことを習慣としていたことが分かった）

(40) I was all *on fire* to go over them.

(The Copper Beeches: 327)

（私はそれら（の部屋）を俄然調べたくなった）

(41) … I was keenly *on the lookout* for any chance to pass the forbidden door.　　(The Copper Beeches: 327)

（その禁じられたドアを通るいかなる機会をも熱心にうかがっていた）

(42) Once or twice it seemed to me that he was *on the point of* telling me something.

(The Bruce-Partington Plans: 922)

（一度か二度，彼が私に何かを話そうとしているように思われ
た）

8. 構文的イディオム

秋元（2017: 143–156）であげなかった例をあげる。

(43) The detective's *face had grown longer and longer* dur-
ing Holmes's speech. (The Adventure of Black Peter: 568)
（探偵の顔はホームズが話している間だんだん浮かないものに
なっていった）[a long face＝an unhappy or disappointed ex-
pression を変形したもの]

(44) "… I fancy that this ally *breaks fresh ground* in the
annals of crime in this country …"

(The Sign of Four: 111)

（この助力者はこの国における犯罪史に新たな局面を切り開い
たように思える）

(45) "It was not easy to *pick one's steps*, but, on the whole,
I was inclined to dismiss the idea …"

(The Crooked Man: 417)

（足下に気をつけて進むのは容易ではないが，全体として，…
の考えを捨てる気持ちになった）

9. まとめ

本章で述べた文法事項は全体との整合性に合わせて述べたもの

である。Sherlock Holmes の英語が他の作家と比べて特に変わっているとは思えないが，頻度上，受動態や -ly 副詞の使用が多いことや，間投詞が比較的よく使われていることなどは指摘できよう。ただし，これらの項目はここで述べる余裕がなかったので，詳しくは，秋元（2017）参照。

第9章　**Chesterton (1911‒1936)**

1.　挿入詞

1.1.　主な挿入詞

まず，Chesterton に現れた挿入詞を多い順にあげる。

1.　I think
2.　I suppose
3.　I believe
4.　I fancy
5.　I mean
6.　I know / I hope（同数）
7.　I fear
8.　I reckon
9.　I confess / I guess（同数）
10.　I understand

以下はそれらの例である。

(1)　'*I think* I understand his professional trick.'　(51)

　　（私は彼の職業的トリックを理解したと思います）

(2)　'... Commandant O'Brien, *I think*, is walking upward down the conservatory.　I am not sure.'　(25)

　　（オブリアン中佐，だと思いますが，標本植物温室のほうに歩いていっていますよ。確かではありませんが）

(3)　'Pleasant little place this, *I think*,' he said with a detached air.　(112)

　　（ここは楽しくて，小さな場所だと思います，と彼は超然とした様子で言った）

(4)　'*I suppose* you can guess the whole story now?'　(119)

　　（あなたは今や物語全体を推測できると思いますが）

(5)　'Stealing the stone, *I suppose*, was nothing to you.'　(61)

　　（石を盗むなんて，私が思うに，あなたにとって何でもないことでした）

(6)　'You have heard of Brayne's last experiment in butchery, *I suppose*?'　(30)

　　（あなたはブライアンの屠殺の最後の実験について聞いたと思いますが）

(7)　'Father,' said Flambeau, after a pause, 'upon the soul *I believe* it is more in your department than mine.'　(75)

　　（神父さん，少し間を置いてフランボーは言った。確かに，これは私よりあなたの領域だと確信します）

(8)　'*I believe* that One who walks invisible in every house defended the honour of mine ...'　(131)

　　　（あらゆる家の中で見えないで歩く神は私の名誉を守ってくれ
　　　たと信じています）

(9)　'Mr Quinton is in, *I believe*,' said Father Brown,
　　　cleaning his pipe …　(73)
　　　（クイントンさんは中にいると思います，とブラウン神父はパ
　　　イプを磨きながら言った）

(10)　'*I fancy* this sort of disfigurement embittered the poor
　　　chap a little …'　(67)
　　　（この種の美観の損失はこの気の毒な男に少しばかりつらかっ
　　　たような気がします）

(11)　'Aha!　You've not seen a place quite like this before, *I
　　　fancy* …'　(270)
　　　（ああ，あなたは前にこのような場所を見たことがなかったよ
　　　うな気がする）

(12)　'I don't doubt that Brayne did it; his flight, *I fancy*,
　　　proves that.'　(28)
　　　（ブライアンがそうしたことには疑いはない：彼が逃げたこと
　　　が，思うに，そのことを証明している）

(13)　'But every work of art, divine or diabolic, has one in-
　　　dispensable mark—*I mean, that* the centre of it is
　　　simple …'　(49)
　　　（あらゆる芸術作品は，神のようであれ，悪魔的であれ，一つ
　　　不可欠な印があります——私が意味するところは，その中心は
　　　単純であるということです）

(14)　'What do you mean?' asked the other sharply.　'*I
　　　mean* I am puzzled,' replied the priest.　(198)

（どういう意味ですか，ともう一人が鋭く尋ねた。私が当惑し
ているという意味です，と神父は答えた）

(15)　'Care enough to marry her and make her a good hus-
band, *I mean*?'　(201)

（彼女と結婚するほど好きで，良き夫になる，という意味です
か）

(16)　'… but *I know* they stand for evil words …'　(94)

（しかし，それらは不吉な語を表していることを知っている）

(17)　'You are a clever man,' she said, 'and you are trying
to save Patrick, *I know*.'　(172)

（あなたは賢い人です，と彼女は言った，あなたがパトリック
を助けようとしてくれてるわけですね，知ってますよ）

(18)　'*I hope* it was not in the Cannibal Islands,' said
Brown, 'that he learnt the art of cookery.'　(305)

（彼が料理の技術を学んだのはカーニバルアイランドでなかっ
たことを願っています，とブラウンは言った）

(19)　'*I fear* I break in on some of your scientific studies.'
(320)

（あなたの科学的研究のいくつかに口をはさむのではないかと
思いますが）

(20)　'He must be far beyond tracing now, *I fear*,' he said.
(300)

（彼は追跡が及ばない遠くに行ってしまったにちがいない，と
彼は言った）

(21)　'*I reckon* we want the handcuffs after all.'　(145)

（結局手錠が必要だと思う）

(22) 'It'ud be too much pleasurable excitement for old man Merton, *I reckon*.' (381)

(それは年寄りのマートンにとって楽しみの度が過ぎて興奮するものだろうよ)

(23) '*I guess* you got me wrong,' said the man from Oklahoma, almost eagerly. (420)

(あなたは私を誤解していると思う，ととても熱心な口調でそのオクラハマから来た男は言った)

(24) But *I confess that* astonishment was no word for it when … (340)

(… の時，その驚きは言葉では表せないほどであることを認めます)

(25) 'But *I doubt whether* Merton died by a dark ray or even a stone arrow.' (390)

(マートンは暗い光線あるいは石の矢で死んだのかしら)

(26) 'At least *I imagine* your friend Wain would like to explain the rest …' (380)

(少なくとも，君の友達のウエインは残りを説明したいのだと想像しますがね)

(27) 'And *I suspect* you will find, too, that every conceivable sort of man has been a murderer.' (540)

(あらゆる考えられる種類の人間は人殺しだということが分かることと思います)

1.2. I dare say

Chesterton では多く使われている。

(28)　'… *I dare say* I had no right to touch.'　(252)

　　　（私には触る権利はない）

(29)　'*I dare say* he has some Italians with him, but our amiable friends are not Italians.'　(295)

　　　（彼は何人かのイタリア人と一緒にいたが，われわれの愛想の良い友達はイタリア人ではないでしょう）

(30)　'… and of course the town is full of tales, very one-sided tales *I dare say*.　(461)

　　　（もちろん町は話でもちきりですが，多分とても一方的な話でしょう）

2.　Pray

Chesterton には多くないが，使われている。

(31)　'What is it, *pray*?'　(56)

　　　（それは何ですか）

(32)　'Oh! said his friend, with a sort of forlorn jocularity; 'and *pray* where is the other piece?'　(158)

　　　（ああ，彼の友人は多少絶望的なひょうきんさで言った：そしてもう一方の剣はどこにありますか）

(33)　'I beg your pardon for being so rude; *pray* forgive me.'　(404)

　　　（失礼な点はお許しください：どうか許してください）

3. 合成述語構文

3.1. Do

(34) 'Could you *do* me *the favour*,' asked Kidd …　(310)
（お願いがあるのですが，とキッドは尋ねた）

(35) For Father Brown had asked, in a idle and conversa-
tional fashion, whether much *flying was done* in that
district …　(388)
（というのは，ブラウン神父はのんびり，くだけた調子で，こ
の辺では飛行機がたくさん飛んでいるかどうか尋ねた）

(36) Now, indeed, was it chiefly Father Brown who *did the
talking* …　(457)
（話をしたのは主にブラウン神父だった）

3.2. Give

(37) He put the plates down on a sideboard, stuffed the sil-
ver in his breast pocket, *giving it a bulgy look* …　(50)
（彼は食器棚に皿を置いた。そして胸のポケットに銀貨を詰め
込んだ，そしてポケットは膨らんで見えた）

(38) Flambeau *gave a great jump*.　(162)
（フランボーは飛び上がった）

(39) The bitterness of fear and doubt had passed down and
given place to a brave attempt to face the future.　(339)
（恐怖と疑惑の苦さが過ぎ去り，未来を直視しようとする勇気
ある試みに変わった）

3.3. Have

(40) 'You will pardon me, Mr Audley,' he said, with asthmatic breathlessness. 'I *have great apprehensions*.' (45)

（許してください，オードリーさん，喘息であえぎながら彼は言った。私は大いに心配なのです）

(41) 'But if you do not fear God, you *have good reason* to fear man.' (123)

（神を恐れないとして，人を恐れる十分な理由があなたにはあります）

(42) … though he had sent for a doctor, he *had not the slightest doubt* that she was dead. (141)

（医者を呼びにやったが，彼女が死んだということに少しも疑いはなかった）

3.4. Make

(43) But don't fancy that all that frantic astronomy would *make the smallest difference* to the reason and justice of conduct.' (15)

（そんな気違いじみた天文学すべてが行動の理由と正当性に何らかの相違をもたらすとは思わないでくれ）

(44) Her womanly gifts should have *made an appeal* to any man who became well acquainted with them … (337)

（彼女の女らしい能力はそれらを十分知っているどんな男にも訴えるだろう）

(45) 'I was sent down here to *make inquiries* about the
criminal plans of this man, Moonshine.'　(549)

（この男，ムーンシャインの犯罪計画について尋問すべくここ
に遣わされた）

3.5.　Take

(46) The only other thing they could do was to *take advan-
tage of* Southby being asked to go straight to his
guilty correspondent.　(357)

（彼らがなしうる他のことと言えば，サウスビーを利用して，
彼のやましい通信員の所へすぐに行くように頼むことであった）

(47) I hear there is some story about a curse on it; but I
take no notice of that.　(440)

（そのことについて呪いのある話があると聞いたが，気に留め
なかった）

(48) '… why they should hang a man by the neck till he
was dead, and then *take the trouble* to stick him with
a sword.'　(771)

（なぜ死ぬまで首を絞めて，またわざわざ剣で刺すようなこと
をするのか）

4.　再帰動詞

比較的多く使われている。その中で 'find oneself + comp' が特
に多く使われている。以下，頻度順による例をいくつかあげる。

(49)　… when Flambeau and Father Brown *found themselves sitting* in its gardens and drinking its beer.　(322)

（フランボーとブラウン神父は庭に座って，ビールを飲んでいた）

(50)　Then both *betook themselves* briskly *to* one of the little tables under the chestnuts opposite …　(204)

（二人は向かい側にあるクリの木の下の小さなテーブルの一つにすばやく行った）

(51)　Having delivered this defiance to humanity he *shut himself up* …　(89)

（人類に対してのこの反抗を述べた後に彼は黙りこんだ）

(52)　The young man *threw himself* impatiently on a hall chair.　(97)

（若者はいらいらしてホールチェアに身を投げた）

(53)　He *settled himself* with comfort in his arm-chair …　(180)

（彼は肘掛け椅子に心地よく身を落ち着けた）

5.　仮定法

5.1.　通常の仮定法

(54)　'If he had hesitated an instant at the water's edge it would have been nothing.'　(249)

（もし彼が水辺で瞬間的に躊躇したとしても，それは何でもなかっただろう）

(55)　'If these gentlemen will excuse us for a moment, I

propose that you and I, doctor, *should* go round at once to the Horners. (793)

(もしこれらの紳士から少しの間でもお許しいただけるのであれば，あなたと私はすぐにホーナーズ家に行くべきだと提案します)

(56) 'I *suggest* it *should* occur without further delay.' (197)

(そういうことはさらに遅れることなく起こることだと示唆したい)

(57) 'We should all be *anxious that* nobody *should* think we had done it. He was actually *anxious that* everybody *should* think he had—even when he hadn't.' (630)

(われわれがそれをしたと誰も思わないことを願っている。彼は自分がしなかった時でさえ，誰もが自分がしたと思ってくれるよう願った)

(58) 'I don't like your ghoulish jokes,' she said; 'and I'd rather you didn't joke about this, anyhow.' (633)

(あなたの不愉快なジョークは好きではありません，と彼女は言った。そしてとにかくこのことに関して冗談を言ってもらいたくないのです)

5.2. 倒置による仮定法

(59) … but even *had it not been so*, it may be doubted whether they would have looked at Quinton just then. (95)

(そうでなかったとしても，彼らがその時クイントンを見たかどうか疑わしいかもしれない)

(60)　… the occupation would ever have been successful *had not one of the three brothers*, Paul, despicably, but very decisively *declined* to abide these things any longer …　(323)

（もし 3 人兄弟の一人，ポールがこれ以上軽蔑的に，しかし断固として，これらのことに我慢することを拒否しなかったら，その仕事は成功したかもしれなかった）

5.3.　間接的条件法

(61)　'But there, *if you will excuse me*, you trespass a little upon my province.'　(48)

（しかし，もしお許しをいただけるなら，あなたは私の領域に少し踏み込んでいます）

(62)　'Not that he liked missions; he was, *if I may say so*, thick in many ways …'　(692)

（彼は任務が好きでなかったのです。もし言ってよければ，彼は多くの点で，鈍感だったのです）

(63)　'This actress is certainly a lady, *if a bit of a Dark Lady, in the manner of the Sonnets* …'　(786)

（この女優は確かに淑女です。（（シェイクスピアの）ソネット風に言えば，多少ダークレディーです）

5.4.　推論的仮定法

「〜であったであろう」と過去の出来事を推論する時，仮定法過去完了が使われる。Chesterton では多く使われている。

(64) 'But it rather confirms my view that such pleasure places look awfully lonely out of season, or the man *wouldn't have been murdered* there.'　(291)

（そのような楽しみな場所は季節外れにはとても寂しく見えるという私の見解を確認することになります，そうでなければその男はそこで殺されることはなかったでしょう）

(65) 'Nobody *could have been mistaken* that red head at any distance; and if people say they saw it there all the time, you may be sure they did.'　(401)

（あの赤い頭はどんな距離にいても間違えることはなかったでしょう；そしてもしそこでずっとそれを見たと人が言えば，実際見たのは確かかもしれない）

(66) 'None of these workmen, however bitter, *would have done* a thing like that.'　(760)

（これらの職人の誰も，いかに苦しくても，そのようなことはしなかっただろう）

6.　動詞＋補文

6.1.　Assist in＋ing

(67) He *assisted in carrying* the victim to the little inn opposite the church …　(450)

（彼は犠牲者を教会の向かいの小さな宿屋に運ぶのを手伝った）

OALD には 'assist in / with sth', 'assist sb in doing sth' というパターンはある。

6.2.　Disguise＋that

(68)　… but the detective did not *disguise from himself that* the prisoner's detention would probably be short … (511)

(しかし探偵は囚人の拘束は多分短いだろうということを隠さなかった)

OALD にはこのパターンはない。

6.3.　Forbear＋ing

(69)　… but Baker could not *forbear remarking* …　(739)

(しかしベーカーは意見を言わざるをえなかった)

OALD には 'forbear to do sth' がある。

6.4.　Miss＋ing

(70)　'… of two persons who so perpetually *missed meeting* each other by accident …'　(213)

(お互い偶然会う機会を永久に失った二人について)

6.5.　Propose＋to V／that

(71)　'So I *propose to hang* about the garden …'　(94)

(私は庭をぶらぶらしていようと思います)

(72)　'I *propose that* you and I, doctor, should go round at once to the Horners.'　(793)

（先生，あなたと私がホーナー家へ行くべきだと提案します）

6.6. Resist＋ing

(73) 'I cannot *resist saying* that …' (155)

（… を言わざるを得ない）

7. Be going to

Chesterton においては多く使われている。

(74) 'I *am just going to* give your husband his sleeping draught.' (96)

（私はあなたの夫に睡眠薬をちょうどあげようとしているところです）

(75) 'Father Brown,' said the lady, 'I *am going to* tell you all I know …' (317)

（ブラウン神父，と婦人は言った。知っていることを全て話します）

(76) 'I'm interested in catastrophes; and there *are going to* be some,' replied his companion gloomily. (310)

（大惨事に興味があります。そしてそのいくつかがありそうです，と彼の仲間は陰気に答えた）

8. Get (oneself) ＋pp.

このパターンも Chesterton によく見られる。

(77)　'Don't *get annoyed*,' he added hastily, noting a sudden movement of the Scotsman's head …'　(76)

（困惑するな，と彼は急いで付け加えた。そのスコットランド人の突然の頭の動きに注意しながら）

(78)　'Saradine *got murdered*, and Antonelli wants to be hanged, and his mother fainted …'　(118)

（サラデンが殺された，そしてアントネリーは絞首刑を願っている。彼の母親は気を失った）

(79)　'He fled with the company's money to Italy, and actually *got himself captured* by sham brigands in his own pay …'　(202)

（彼は仲間の金を持ってイタリアに逃げたが，実際は，彼自身の手先のニセの略奪者に捕まった …）

9.　構文的イディオム

9.1.　Be accustomed to

このパターンは少ない。

(80)　The Rev. David Pryce-Jones, *accustomed to deal* with hecklers at public meetings, was …　(674)

（デイヴィッド・プライスジョーンズ師は大衆の集まりで野次り屋を扱うのに慣れているので）

9.2.　Lest ～ should

Chesterton においては多くない。

(81) … one would hesitate to knock at the door, *lest* it *should* be opened by a mummy.　(243)

（ミイラが開けるのではないかという気がして，ドアをノックするのに躊躇するだろう）

9.3.　There is no ～ing

Chesterton には多い。

(82) *There was no holding* him, after something had really happened.　(410)

（何かが実際起こった時，彼を捕まえておくことはできない）

(83) '*There was no mistaking*, however, that look of authority, or silent pride in the habit of command …'　(721)

（しかし，あの権威者の顔つきや命令という習慣に見られる暗黙の誇りを間違うはずがない）

(84) '*It's no good calling* in doctors to examine the body; because the body has run away.'　(754)

（死体を調べるのに医者を呼び入れるのは無駄です。というのは死体は逃げてしまったのですから）

9.4.　By the way

Chesterton では多く使われている。文頭が多い。

(85) Then he fled to the city, tossing the sword away as he went. *By the way*, Ivan tells me …'　(28)

（それから彼は出ていく時，剣を放り投げて，都会に逃げてしまった。ところで，イヴァンが話してくれたのだが）

(86)　'I understand,' said Father Brown gently; 'and *by the way*, isn't it time that we attended on him?'　(385)

（わかりました，とブラウン神父は優しく言った。そして，ところで，彼の世話をする時ではありませんか）

(87)　'We could, at least, conjure out of the void the thing Sir Arthur Travers saw. *By the way*, there was one very true thing you said about him.'　(539)

（少なくとも，アーサートラヴァース卿が見たものを無から魔法で呼び出すことができる。ところで，彼についてあなたが言ったたった一つの真実がありました）

10.　まとめ

Chesterton の特徴として，以下の点があげられる。

1.　'I think (that)' が圧倒的に多く，文中，文末にも現れる。
2.　'I suppose' および 'I mean' が多い。前者は文頭が多いが，文末にもよく現れる。
3.　'I mean that' のほうが 'I mean (that)' より多く使われている。詳しくは，現代英語に関しては，小林（2018），史的研究としては，Brinton（2008）参照。
4.　'I fancy (that)' もよく使われる。
5.　特に推論的仮定法が多い。
6.　There is no 〜ing 構文が多く使われている。
7.　'by the way' が談話標識（discourse marker）として，よく使われている。

第 10 章　**Christie（1923–1947）**

1．挿入詞

1.1．主な挿入詞

多い順にあげると，以下の通りである。

1. I think
2. I suppose
3. I believe
4. I understand
5. I'm afraid
6. I hope
7. I fancy
8. I mean
9. I gather
10. I know
11. I expect / I fear（同数）

12.　I imagine

13.　I wonder

(1)　'Shall we slip away, my friend? *I think* our services are no longer needed.'　(22)

(こっそり逃げ出そうか。われわれの手伝いはもう必要ないと思います)

(2)　'I'd never met him before, but some of the others had —Ames, *I think*, and Schneider.'　(160)

(彼には前に会ったことはありませんが，他の何人かは会ったことがあります——エイミスだと思います，そしてシュナイダー)

(3)　'Mrs Davenheim is a pleasant, rather unintelligent woman.　Quite a nonentity, *I think*.'　(44)

(デイヴェンハイム夫人は明るい，それほど知性のない女性で，パッとしない人だと思います)

(4)　'Well, *I suppose* the beginning of the whole thing was about ten days ago when I got an anonymous letter …'　(174)

(ええ，すべてのことの始まりは約 10 日前だったと思います。私が匿名の手紙を受け取った時でした)

(5)　'After all, the guests, *I suppose*, might be arriving any minute.'　(426)

(結局，客人は私が思うにすぐに到着しますから)

(6)　'There will be no objection to my—er—calling in this gentleman, *I suppose*?'　(17)

（私がこの紳士を呼び入れるのに反対ではないと思いますが）

(7) 'Madame, I apologize for what I said to you earlier. The danger is real, and *I believe that* I can be of assistance.' (331)

（奥様，前に私が言ったことはお詫びします。危険は本当で，私が手助けできると信じます）

(8) 'She was, *I believe*, the child of a distant connection.' (483)

（彼女は，私は信じていますが，遠い親戚の子供でした）

(9) 'Her father and mother are out in India, *I believe*.' (345)

（彼女の父と母はインドにいると思います）

(10) '*I understand that* he had had considerable losses of late,' said Poirot, watching the door narrowly. (84)

（彼は最近，かなりの損失を出していることは理解しています，とドアをつぶさに見守りながら，ポワロは言った）

(11) 'But Mr Bleibner, *I understand*, was more or less of an amateur?' (155)

（しかし，ブライブナー氏は私が理解するところでは，少なくとも素人でしたか）

(12) 'No, *I'm afraid* the plates and dishes have been all washed up by now.' (195)

（いいえ，食器もお皿も今頃，すべて洗い終わっていると思います）

(13) The elderly man with the legal face said: 'Unavoidable, *I am afraid*.' (465)

（その年寄りは大まじめな顔で言った：やむを得ないことだと思う）

(14) '*I hope* Monsieur Poirot will be able to throw some light on this extraordinary puzzle …' (112)
（ポワロ氏がこの異常な難問に何らかの光を与えてくれることを願っています）

(15) 'I shall, *I hope*, meet at dinner a certain gentleman who begins to intrigue me greatly.' (352)
（私にとても興味を抱かせ始めたある紳士と夕食時に会うことになっています）

(16) '*I fancy that* you had seen her with John Lake—you knew how it was with them.' (513)
（あなたは彼女がジョン・レイクと一緒のところを見たと思います——それがどういうことかあなたは知っていた）

(17) 'It was about eleven o'clock, *I fancy*, when you went into the Tower room …' (354)
（11時頃でした。あなたがタワー室に入った時だと思いますが）

(18) '*I mean* the first young man one fell in love with was always someone undesirable.' (298)
（恋に落ちた最初の若者は常に好ましくない人間だという意味です）

(19) 'But I can't! He wouldn't come; Douglas wouldn't, *I mean*.' (557)
（しかし，私はここを去ることはできません。彼は来ないでしょう。私が言っているのはダグラスは来ないでしょうという意味です）

(20) 'Still, *I gather* she had already left when the catastro-

phe occurred.'　(175)

（でも依然として，その惨事が起こった時彼女はすでに出ていっ
ていたと推測されます）

(21)　'And the bonds, *I gather*, made a bulky package?'
(113)

（そして債券は推測すると，かさばった荷になったのか）

(22)　'Of course *I know* you think I'm just a silly fool of a
woman, making mountains out of molehills.'　(330)

（もちろん，あなたは私が針小棒大に言う馬鹿な女と思ってい
ることは知っています）

(23)　'The police are doing all they can, *I know*,' Poirot
said.　(7)

（警察はできるだけのことはやっています。私には分かります，
とポワロは言った）

(24)　'The light, Hastings, I must see his face—though *I
fear* I know only too well whose face it will be.'　(334)

（灯りだ，ヘイスティングズ。彼の顔を見なければ──もっとも
誰の顔か知りすぎるくらい知っていると思うが）

(25)　'It will prove, *I fear* too Herculean a task for us.'
(738)

（それを証明するには，ハーキュリー的（非常に困難な）仕事
になるでしょう）

(26)　'*I expect* you know the rest pretty well from the pa-
pers,' said Mr Waverly.　(176)

（新聞から残りのことはかなり分かると思いますよ，とウエイ
バリー氏は言った）

(27) 'Shut the door, Edith. They are burglars, *I expect*.' (106)

（ドアを閉めろ，エディス。彼らは泥棒ではないかと思う）

(28) '*I imagine that* the family history has become a mania with him.' (335)

（家族の歴史が彼にとって熱中するものになったと想像します）

(29) 'But your practice, *I imagine*, is situated in a country district—' (684)

（しかし，あなたの仕事場は田舎にあると想像するが）

(30) '*I wonder* he even managed to telephone. It will be better not to move him until the police arrive.' (194)

（電話することすら出来ないのだろうか。警察が来るまで彼を動かさないほうがいいよ）

(31) 'And now,' he said at last, 'for Lady Julia. What will she say, *I wonder*?' (244)

（さて，と彼は言った。ジュリア嬢ですが，彼女は何と言うのでしょうね）

1.2.　I assure you

Christie に多い。後述。

(32) '*I assure you* that behind my madness there is—as you English say—a method.' (542)

（私の狂気の背後にはあなたがた英国人が言うところの――方法論があると保証します）

(33) 'Pure fluke. *I assure you* it was. What'll you have?

I'll go and get hold of a waiter.'　(559)

（全くのまぐれ当たりだ。実際そうだと請け合いますよ。何を
食べますか。行ってウエイターを捕まえてこよう）

(34)　'*I assure you*, it's just a matter of routine, Mr Laver-
ton-West. They aren't personal, you know.'　(594)

（それは単に決まりきった仕事の問題ですよ。レバートンウエ
ストさん。個人的な質問ではありません。ご存知でしょう）

1.3.　I dare say

(35)　'*I dare say* he was upset,' said Miss Lemon.　(427)

（多分彼は驚いたでしょう，とレモン嬢は言った）

(36)　'Most people would say so.' '*I dare say* they would,'
said Sir Joseph sharply.　(680)

（大部分の人はそう言うでしょう。多分そうでしょうね，とジョ
セフ卿は鋭く言った）

(37)　'... *I daresay* he knows more—but he's a faithful fel-
low, been with me four years.'　(781)

（多分彼はもっと知っていますよ。ですが忠実な奴で，4年間
も一緒です）

2.　Pray

次例は一般的な使い方である。

(38)　'*Pray* be seated, messieurs,' said Poirot politely.　(96)

（座ってください，皆さん。ポワロは丁寧に言った）

　しかし，多い順にあげると，次のようなバリエーションがある。

- (i)　I pray of you
- (ii)　I pray you
- (iii)　Pray
- (iv)　I pray

(ii) と (iv) の例をあげる。

- (39)　'Ring the bell, *I pray you*, Hastings.'　(24)
    （ベルを鳴らしてくれたまえ，ヘイスティングズ君）
- (40)　'Monsieur,' he said to the manager, 'explain to me, *I pray*, your system of serving meals here.'　(194)
    （すみませんが，ここでの食事を出すシステムを説明してくれませんか）

Poirot のセリフとして，しばしば 'I pray of you' という表現が使われている。

- (41)　'Calm yourself, *I pray of you*, madame.' Poirot patted her hand soothingly.　(17)
    （落ち着いてください。お願いします，奥様，とポワロはなだめながら，彼女の手を軽く叩いた）
- (42)　'Be seated, *I pray of you*, mademoiselle,' I said.　(142)
    （座ってください。お願いします。お嬢さん，と私は言った）

OED (*pray*, *v*. 8.) には 'pray of' の用法は載っていない。Poirot はベルギー人で，フランス語が母語であるため，フランス語

'prier 〜 de + inf' の影響を受けた言い方をわざわざ Poirot に使わせたと考えられる。

　ついでながら，ほかにもフランス語の影響を受けたと思われる用法が見られる。

(43)　'A failure. I will try once more. This evening, not very long ago, you *telephoned to* someone.'　(612)
　　　（失敗だ。もう一度やってみよう。今晩，そんな前ではないが，あなたは誰かに電話した）

　これも Poirot のセリフである。現代英語では 'telephone someone' であるが，フランス語 'téléphoner à' の影響とも考えられる。

3.　合成述語構文

　この構文も Christie には多い。

3.1.　Do

(44)　'But there, it can *do no harm*, and as he says, it might save us a good bit of trouble.'　(10)
　　　（しかし，何の害もないし，彼が言うように，たいそう手間が省けるかもしれない）

(45)　'Well,' I said. 'I'm rather inclined to think I'd not *do a bolt* at all.'　(51)
　　　（まあ，私は言った。私だったら全く逃げるようなことはしな

いと考えたいね)

3.2．Give

(46)　Then he *gave a short, sharp nod* of the head.　(24)

（それから彼は短く，激しく頷いた）

(47)　My heart *gave a leap* as I recognized her.　(71)

（私は彼女に気が付いた時びっくりした）

(48)　Carlile cast an agonized glance at his employer.　Sir
George Carrington *gave a sudden chuckle*.　(226)

（カーリーは雇い主に苦痛の一瞥を投げかけた。ジョージ・キャ
リントン卿は突然くすくす笑った）

3.3．Have

(49)　'… he *had no intention* of killing Reedburn, and so it
is hardly permissible to call him a murderer.'　(38)

（彼はレッドバーンを殺すつもりはなかった。だから彼を人殺
しと呼ぶのはほとんど許されることではない）

(50)　Poirot *had a lengthy conversation* over the wire, and
came back thoughtful.　(90)

（ポワロは電話で長話をして，考え込んだ様子で戻ってきた）

(51)　'One must *have consideration* for those less gifted
than oneself.'　(115)

（人は自分より能力のない者に配慮すべきだ）

3.4. Make

(52) 'Come, we will go to Montagu Mansions and *make a few inquiries*.' (122)

（さあ，モンタギューマンションに行って，少し調べよう）

(53) 'I understand also, that he *made a certain accusation*?' (177)

（彼が何らかの告訴をしたというのも理解できるか）

(54) '… and I was quite determined to *make the best use of* the gifts God had given me.' (203)

（神が私に与えてくれた贈り物を最大限利用することをすっかり決心した）

3.5. Take

(55) 'The bequest is conditional on your *taking possession of* the house … before twelve o'clock tomorrow.' (259)

（遺贈は明日の 12 時まで … 家を所有するという条件です）

(56) George *took hold of* his master's finger. (358)

（ジョージは主人の指を掴んだ）

(57) 'The old lady *takes a fancy to* you. She decides to leave money to you.' (526)

（その老婦人はあなたが好きなのです。あなたに財産を残す決心を彼女はしています）

4.　再帰動詞

　再帰動詞はそれほど多くない。興味深い点は，Christie におい
ては，'find oneself + comp' ではなく 'shoot oneself' が最も多
く現れていることである。以下は頻度順による例のいくつかであ
る。

(58)　*To shoot himself* in the way indicated, he would prob-
　　　ably have had to pull the trigger with his toe …　(93)
　　　(示されたような方法で銃で自殺したということは，彼は多分
　　　足の指で引き金を引いたのだろう)

(59)　He *found himself facing* the luxuriantly moustached
　　　stranger …　(762)
　　　(彼は贅沢に髭をたくわえたよそ者と相対していた)

(60)　… she *drew herself up* to her full height …　(151)
　　　(彼女は仁王立ちになった)

(61)　Young princes were supposed to *amuse themselves* in
　　　this fashion.　(293)
　　　(若い王子たちはこんなふうに楽しんだと思われる)

(62)　'*Seat yourself*, madame, and recount to us the whole
　　　story without agitating yourself.'　(17)
　　　(座ってください，奥様。そうあまり興奮しないで，話の全部
　　　を語ってください)

5. 仮定法

5.1. 通常の仮定法

(63) It was not enough for him that a thing should be beau-
tiful—he *demanded also that it should have a tradi-
tion behind it.* (831)

(物事がきれいであるということだけでは彼にとって十分では
なかった。同時に背後に伝統を持つべきであると要求した)

(64) 'Why was she so *anxious that our attention should be
directed to them*?' (63)

(われわれの注意を服装に向けてほしいと彼女はなぜそう願う
のか)

(65) 'Will you *request of her that everyone should be
assembled in the Tower room this evening at nine
o'clock?*' (381)

(今夕9時，タワー室に皆集まってくれるよう彼女に要請して
くれますか)

5.2. 倒置による仮定法

それほど多くない。

(66) '*Were the Prime Minister dead*, it would be a terrible
calamity …' (101)

(もし総理大臣が死んだら，大変なことになるでしょう)

(67) '*Had they not persistently followed the wrong car,* they
might by now have found the boy.' (177)

（もし彼らが間違った車をしつこく追っていなかったら，今頃
その子を見つけられたことだろう）

5.3.　間接的条件法

Christie には比較的多い。

(68)　'But who else has been in the house?　Only Miss
Marsh, and she, *if I mistake not*, is also a young lady
of method and order.'　(205)

（しかし，誰がほかに家の中にいたのか。マーシュさんだけで，
もし間違いがなければ，彼女は几帳面で，秩序だった若い女性
です）

(69)　'The opinion is, sir, that Mr Leverson is an open-
handed young gentleman, but not, *if I may say so*, par-
ticularly intelligent, sir.'　(348)

（意見としては，レバーソンさんは気前の良い，若い紳士です
が，私がこう言っては何ですが，特に聡明というわけではあり
ません）

(70)　'I have decided to accept twelve cases—no more, no
less.　A self-imposed "Labours of Hercules" *if I may
so describe it*.'　(665)

（私は 12 の事件を——それ以上でもそれ以下でもない——を引
き受けることにした。自ら進んでやる「ヘラクレスの大業」で
す，もしそう評してよければ）

5.4. 推論的仮定法

(71) That is the only hint we have that her death *might not have been accidental*, and it's precious little to go upon. (3)

(これが彼の死は偶然ではなかっただろうことの唯一のヒントですが，それは非常にわずかな第一歩です)

(72) Whilst it was clear that the woman herself *could not have committed the crime*, since at the moment the shot was fired Mrs Havering was with her in the hall ... (137)

(女性自身が犯罪を犯さなかったであろうことは明白だ。なぜかといえば，銃弾が発射された時，ヘイバリング夫人はホールで彼女と一緒にいたからだ)

6. 動詞＋補文

6.1. Delight＋to V

(73) 'I should *delight to* voyage myself on one of these big liners,' murmured Poirot dreamily. (110)

(これらの大きな定期船の一つに乗って航海できるとはうれしい，とポワロは夢ごこちでつぶやいた)

OALD にはこのパターンは載っていないが，OED には例がある。

6.2.　Excuse＋that

(74)　'*Excuse that* I derange you, but I shall be obliged if you will unlock for me the door of Mr Opalson's room.'　(23)

（あなたを混乱させてすみません。オパルソンさんの部屋のドアの鍵を開けてくれたらうれしいのですが）

OALD には 'excuse that' の例はない。このセリフはポワロのものであるが，フランス語 'excuser' も 'que' を取らないようである。

6.3.　Give out＋that

(75)　'She's got a leaning towards the occult, I believe. Wears amulets and scarabs and *gives out that* she's the reincarnation of an Egyptian Queen …'　(459)

（彼女はオカルトの方に傾いていると信じます。魔除けや甲虫石を身につけ，エジプトの女王の化身であることを名乗っています）

OALD には例はないが，OED (*give, v.* 62.a.) には例がある。

6.4.　Permit＋that

(76)　'You *permit that* I enter?' said Hercule Poirot, and entered without waiting for the reply.　(676)

（私が入るのはかまいませんか，とハーキュリー（エルキュール）・ポワロは言って，応答を待たずに入った）

6.5. Propose to＋V／ing／that

(77) 'Where do you *propose to* take me?' (14)

(どこに私を連れて行こうとするつもりですか)

(78) Poirot did not *propose mounting* as high as all that. (716)

(ポワロはそれほどまでに，高いところに登るつもりはなかった)

(79) 'I *propose that* you should invite us both to stay with you. Your husband will not object?' (331)

(われわれ二人をあなたの所に滞在させるよう申し入れます。あなたの夫は反対をしませんよね)

6.6. Want＋that

(80) She does not *want that* I should see her, for doubtless I have a photograph and I shall recognize her. (320)

(彼女は私に会って欲しくなかった。というのは疑いもなく私は写真を持っており，彼女だと分かるからです)

OALD，OED にはこのパターンは載っていない。

7. Be going to

Christie において多く使われている。

(81) 'Tell me, what do we do next? *Are* you really *going to* reconstruct the crime?' (9)

(次は何をしたらいいのか教えてください。あなたは本当に犯

罪を再現するつもりですか)

(82)　'You'll really have to pull some rabbits out of the hat if you'*re going to* do anything with this one, M. Poirot,' he remarked cheerfully.　(436)

(ポワロさん，これで何かをしようとするなら，それは帽子か
らうさぎを実際出さなければなりませんね。彼は楽しそうに
言った)

(83)　'*Are* you *going to* tell me that rigmarole makes sense?' he asked.　(504)

(そのとりとめのない長話が意味があるとあなたは私に言うつ
もりですか，と彼は尋ねた)

8.　Get+pp.

Christie に多い。

(84)　'Yet, it *got torn off* at the ball. I picked it up and gave it to poor Lord Cronshaw to keep for me.'　(9)

(それ（＝王房飾り）は舞踏会でとれてしまったの。私はそれ
を取って，気の毒なクロンショー卿に渡して，とっておいてく
れるようにしたの)

(85)　'I must apologize for the state this room is in. Servants *get so foolishly excited*.'　(34)

(この部屋の状況については謝らなくてはなりません。召使い
は愚かなほど興奮しています)

(86)　'One has to give in then, and let them *get married*.'

140

(298)

（誰かが折れて，彼らを結婚させよう）

9.　Have got to

このパターンは以前にはなく，Christie で初めて現れたと思われる。

(87) 'And anyway, I don't quite see what that *has got to* do with it?'　(5)

（とにかく，あれとこれがどう関係するのか全く分からない）

(88) 'And what next?' inquired Japp as we hurried down the street. 'I'*ve got to* report at the Yard, you know.' (7)

（それから次は何だ，とわれわれは通りを急ぎながらジャップは尋ねた。私はロンドン警視庁に報告しなければならない。ご存知のように）

10.　To be gone

OED (*go, v.* 48.a.) によれば，"… the phrase to be gone has assumed the sense: To depart (promptly or finally), to take oneself off." と説明されている。

(89) 'You are in haste *to be gone*, Mademoiselle?　Sit down one more a little moment, I pray of you.'　(341)

（お急ぎのようですね，お嬢さん。座って，ちょっと休んでく

ださい）

(90)　'Oh, only in passing, so to speak; no harm in it, sir.
Mr Victor Astwell, now he *is* properly *gone on* Miss
Lily.'　(357)

（ああ，いわば通りがかりにすぎません。害はありません。ビ
クター・アストウェルさん，今や彼はリリー嬢に本気で惚れて
いるのです）

OED には "Infatuated (*in love*, *wickedness*, etc.) *gone on* (in
recent colloq. Or vulgar use) enamoured of, infatuated about)."
とある。

11.　構文的イディオム

11.1.　**Be accustomed to**

それほど多くない。

(91)　'He *was accustomed to* confide in you?'　(481)
（彼はあなたに信頼を置くことに慣れていたと）

11.2.　**Lest ～ should**

このパターンも多くない。

(92)　'You do not fear to introduce these two Siamese twins
to each other *lest* a Chinaman *should* appear …'　(70)
（中国人が現れないよう二人のシャム双生児をお互いに紹介す
ることを恐れることはありません）

11.3. There is no 〜ing / NP

このパターンは比較的多い。

(93) The table was a round one, but *there was no mistaking* who was the host.　(211)

（テーブルは円形であったが，誰がホストであるかは間違えることはない）

(94) '*There was to be no hushing up* of this case.'　(279)

（事件をもみ消すことはできません）

(95) '*There's no harm* in asking, is there?'　(704)

（聞いても悪いことはないでしょう）

11.4. By the way

よく使われる。文頭に多いが，文中にもよく使われる。

(96) 'Good morning, and many thanks to you, doctor, for so kindly answering our questions. *By the way*, you saw no need for an autopsy?'　(85)

（おはようございます，先生。そしてわれわれの質問に親切に答えてくださってありがとうございます。ところで，検死の必要はないということですか）

(97) 'I feel since then that I am in the know, so to speak. I saw Lady Mary only last week, *by the way*.'　(457)

（それ以来，私はいわば消息通であると感じています。ところでつい先週メアリー嬢に会いました）

(98) 'There they found the great man, who *by the way* suf-

fers from a somewhat unsavoury reputation …'　(29)

(そこで偉大な人を見つけたのですが, 彼はついでながら, 芳しくない評判で悩まされています)

11.5.　その他

(99)　'*Extraordinary the way it is cleared.*　I heard the rain beating down when we were at dinner.'　(217)

(雨がすっかり上がって驚くべきことだ。われわれが食事している時雨が打ちつけていたのを聞いた)

(100)　'Yes, indeed.　*Remarkable the way it's cleared up after the rain.*'　(217)

(ええ, 本当に。雨がすっかり晴れ上がってすばらしい)

(101)　'*Beats me* why she cares what that fellow's opinion is.'　(307)

(あんな男の意見を彼女がなぜ気にするのかわかりません)

(102)　'*Hang it all*, the fellow's got to be guilty.'　(438)

(こんちくしょう。奴は有罪にちがいない)

(103)　'*Plumb* impossible, I should say.'　(569)

(全く不可能ですよ)

OED (*plumb. a.* and *adv.*) には 2.c. "An intensive; Completely, entirely, absolutely, quite. Chiefly US. Slang." と説明されている。

12. まとめ

Christie の特徴として，以下の点があげられる。

1. 'I think' は単独でも多いが，'that' 節もよく使われる。文中，文末にもしばしば現れる。

2. 'I suppose' はほとんど単独で使われる。文末にも多く現れる。

3. 'I believe' は単独で使われることが圧倒的に多い。文末にもよく現れる。

4. 'I understand that / ゼロが共に使われる。文中，文末共に現れる。

5. 'I pray of you' という特有のパターンが（特にポワロのセリフで）使われている。

6. 'be going to' や 'get＋pp.' の使用が以前と比較して増えてきた。また，新しい形 'have got to' が初めて Christie に現れている。

II

全体の解説とまとめ

これまで各作品を中心にその文体，文法を記述してきたが，本章では全体をまとめる形で，いくつかのパターンを取り上げ，後期近代英語との関連で考察する。その際，必要に応じて前後の時代にも言及する。ただし，紙面の都合上，簡単に済ませている項目もあり，それらに関しては参考文献を参照されたい。

1. 挿入詞

Walpole (1764), Radcliffe (1794), Lewis (1796), Shelley (1818) までは，'I think' はあまり使われていないが，Collins (1868) 以降，Christie (1890–1976) に至るまで 'I think' は最も多く現れている。

参考までに，秋元 (2010: 162) で挿入詞の大雑把な頻度変化をあげているが，そこでは 18 世紀以降，'I think' が最も頻度が高い。

2. Think vs. methinks

'think' は OE 'þen(e)an' から，そして 'methinks' は OE 'me þyncþ'（過去形 me þuhte）から発達した。双方とも非人称動詞であった。'me' は与格である。Polander-Collin (1997) によると，'methinks' の副詞句への文法化は 15 世紀頃起こったとしている。最初の頃は接続詞 'that' を取っていたが，徐々に 'that' がなくなり，その分挿入詞的になっていったとしている。ただ

し，この研究は 1710 年までのものであり，後期近代英語期に関わるものではない。

　同様に，文法化からの研究として，Wischer（2000）がある。'methinks' の発達は文法化と語彙化に関わるものであるとしている。すなわち，証拠性（evidentiality）を示す副詞句に変化していった変化は文法化であるが，同時に化石化し，非有縁的（demotivated）なシンボルになっており，語彙化と言える。

　本書のデータでは，Lewis の頃まで 'methinks' は見られるものの，その後は現れていない。従って，後期近代英語期にはほとんど使われなくなったと考えてもいいであろう。'I think' や 'it seems（to me）' などに取って代わられたのであろう。

　なお，Bromhead（2009: 203）には 1590 年から 1609 年の間，'methinks' は 115 例あるとしている。

3.　I dare say

　'Probably' の意味で使われているのは，OED によれば，1749年 *Tom Jones* である。

　　（1）　You give your friend a very good character..and a very
　　　　　deserved one, *I dare say*.（イタリックは筆者）
　　　　　（あなたの友達はたいそう立派で，とても賞賛に値する人のようです）

　さらに，OED のデータによれば，1750 年代から 1900 年にかけて，'I dare say' の使用は増大している（cf. 秋元（2014: 220-221））。

この句は元来，'to be as bold as to say'（OED），あるいは 'I have no doubt' の意味から徐々に 'probably' の意味に発達した。現代英語では文頭に来ることが圧倒的に多いが，1700 年頃は文中にまず現れ，ついで 1800 年頃から文頭にも現れ始めた。

本テキストにおいても，Radcliffe（1794）以降多く使われるようになっている。位置に関しても，文頭，文中，文末，いずれにも現れるが，Radcliffe においては文頭が多い。例については，本書第 4 章の例を参照。

4. 請け合い・保証の表現

本書で取り上げた作品には相手と約束したり，確認したり，またそれを保証したりする表現が多く出てくる。以下において，そういった表現について考察する。

4.1. I adjure thee

OED（*adjure, v.* 2.）には "To charge or entreat（any one）solemnly or earnestly, as if under oath, or under the penalty of a curse" とある。

Walpole では，'thee' という二人称単数形が使われている。

(2) By every pitying angel, *I adjure thee*, noble prince, continued she, falling at his feet, to disclose …　(103)
（あらゆる哀れむ天使により，高潔な王子よ，お願いします，と彼の足下に崩れ落ちながら，彼女は … を吐露し続けた）

4.2.　I assure you

OED (*assure, v.* 10.) には "To tell (a person) confidently as a thing that he may trust (*that* it is, or *of* its being)" とある。

　この表現は本テキスト中，最も多く使われており，特に Lewis 以降多い。'that' 節を取ることもあり，取らないこともある。また位置も文頭だけでなく，文中や文末にも現れる。

(3)　'*I assure you*, Segnora, there are no places here.'

(The Monk: 8)

（ここには居場所はありませんよ，娘さん）

(4)　Justine has returned to us, and *I assure you* I love her tenderly.　　　　　　　　　　　　　　　　(Shelley: 64)

（ジュステーンはわれわれのところに戻ってきた。そして確かに私は彼女を慈しんで愛している）

(5)　"The surprise was not all one side, *I assure you*."

(The Hound of the Baskervilles: 740)

（確かに，驚きは一方的というわけではなかったんだよ）

(6)　'… it is not for his sake, *I assure you*, but for the story; for it was the cause of a very curious coincidence.'

(Christie: 247)

（それは彼のためだけではないですよ，本当に。物語のためなのです。というのは，それが非常に奇妙な偶然の一致の原因だったのですから）

(7)　'That's all right.'　Lord Yardly had his cue.　'We'll send down for them.　No, no—no trouble, *I assure you*.'

(Christie: 74)

（それで全く結構です。ヤードリー卿はきっかけを得た。彼らに使いを出しましょう。いいえ，全く手間ではありません，本当に）

4.3.　I beg (of) you

OED (*beg, v.*) には以下のような説明がある。

> d. To beg to *do* a thing, or *that* a thing may be.
> f. To beg *of* (formerly *at*) a person to do thing, or a thing may be.
> g. trans. To beg a person to *do* a thing.

Holmes や Christie に多く現れる。Sherlock Holmes では以下のように同じセリフが使われている。この場面は執事が主人のヘンリー卿に哀願しているところである。

(8)　"For God's sake, sir, *I beg of you* not to let the police know that he is still on the moor."

(The Hound of the Baskervilles: 728)

（後生ですから，彼がいまだに沼地にいるということを警察に知らせないでください）

(9)　"*I beg you*, sir, to say nothing to the police."

(The Hound of the Baskervilles: 728)

（警察に何も言わないようお願いします）

(10)　Poirot rose from his seat, and patted the young man kindly on the shoulder.　'Do not distress yourself, *I beg of you*.　Leave it in my hands.'　(Christie: 31)

（ポワロは席を立った。そして若者の肩を優しく叩いた。「自分で悩むことはないですよ，本当に。私にまかせなさい」）

4.4．I beseech (of) you

(11)　'*I beseech you*, sir, be silent,' said Emily faintly.

(Radcliffe: 249)

（どうか静かにしてください，とエミリーは弱々しく言った）

(12)　'Doctors may be mistaken.　He was so robust, so strong.　Ah, Monsieur Poirot, *I beseech of you* to help me …'　　　　　　　　　　　　　(Christie: 143)

（医者は間違っているかもしれない。彼ははとても頑丈で，丈夫でした。ああ，ポワロさん，どうか助けてください）

4.5．I conjure you

OED（*conjure, v.* II.＋3. *trans.*）には以下のような説明がある。

> To constrain (a person to some action) by putting him upon his oath, or by appealing to something sacred.
>
> 4.a. To entreat (a person) by something for which he has a strong regard.

(13)　'Beware, my love, *I conjure you*, of that self-delusion, which has been fatal to the peace of so many persons …　　　　　　　　　　　　　　(Radcliffe: 78)

（愛する人よ，自己欺瞞に気をつけなさい。それが多くの人々

の平和に致命的になってきたことを)

(14) 'Save me, *I conjure you*, and bear me from these fearful abodes!'   (The Monk: 430)

(お願いだから私を助けてくれ。そしてこれらの恐ろしい住まいから私を連れ出してくれ)

4.6. I entreat (you)

OED (*entreat, v.* 9.) には "To make an earnest prayer or request to; to beseech, implore. Chiefly with *subord* clause or const. *to* with *inf*.)" のような説明がある。

(15) '… but I have no certain means of judging of the latter, and *I entreat* you will tell me all you have heard.'

(Radcliffe: 148)

(後者について判断する確かな手段はありません。そしてどうかあなたが聞いた全てを話してください)

(16) Adieu! My cousin, take care of yourself; and, *I entreat you*, write!   (Shelley: 65)

(さようなら，いとこよ。身体に気をつけて，手紙をぜひください)

4.7. I warrant (you)

OED (*warrant, v.* 4.) には次のような説明がある。この表現は Radcliffe に多い。

"To guarantee as true, make oneself answerable for (a statement)."

    a. with clause as obj. Chiefly in phrase *I warrant, I will*
       (*I'll*) *warrant* often used *colloq.* as a mere expression
       of strong belief = '*I'll be bound*'.

(17) '… and *I warrant* I should have more chance of get-
      ting out again alive, than any fellow …' (Radcliffe: 349)
      （どんな仲間より生きて再び出られる見込みがもっとあるはず
      だと請け合うよ）

(18) '*I warrant* our lives are as good as theirs,' replied his
      comrade. (Radcliffe: 576)
      （実際，われわれの命は彼らの中にあるのと同様だ，と仲間は
      応じた）

5.　Pray

　'pray' は Shelley を除いて他の作品すべてに現れる。Conan
Doyle 以降になると，'please' が現れ，やがて取って代わられ
る。'pray' と 'please' の競合に関しては，秋元（2014）参照。

　なお，'pray' は動詞（Old French からの借用語）から派生し，
丁寧詞に変化していった。その史的変化に関しては，Akimoto
（2000）参照。

　本書において取り上げたテキストを調査した限りでは，丁寧詞
'please' が現れるのは Collins（1868）以降のようである。それ
以前は 'please to V' や 'if you please' のパターンが多い。

　'please to V' は Walpole（1764）にも現れるが，Collins（1868）
には特に多く使われている。

なお，'please' は Shakespeare には使われていない (cf. Schmidt (1971))。

6. 'please' とそのバリエーション

OED (*please, v.* II. 6c.) によると，'please' の起源は次のようである。

it please you > please you > please

しかし Brinton (2006: 326) や Chen (1998) は

if you please > please

の過程を想定している。そして 'please' が丁寧さの談話標識として現れたのは 19 世紀である (Akimoto (2000: 79))。

　本書では，特に Collins においては，'please to V' と 'if you please' が多く現れているが，これらのバリエーションとの関係はどうなのか。もし，if you please > please であるとしても，Collins (1868) の時代に 'please' は現れていないようである (少なくとも，頻繁ではない)。Sherlock Holmes では徐々に，'pray' から 'please' に代わっていく (秋元 (2014: 281-283))。その間 'please to V' は出現するが，1900 年以降見られなくなる。

7. 合成述語構文

　本書で取り上げたパターンは「do / give / have / make / take + 動詞派生名詞」である。このパターンはすでに古英語に見られたが，

よく使われるようになったのは後期近代英語以降である（cf. Brinton and Akimoto（1999））。

　「do＋動詞派生名詞」は古英語においては頻度が高かったが，徐々にその機能を 'have' や 'make'，'take' に取って代わられた（cf. Brinton and Akimoto（1999: 44-51））。その交代の理由としては，'do' の助動詞化が進むにつれ本動詞の機能をその分減らし，これらの動詞に取って代わられたと考えられる。

　Traugott（1999: 243）では中英語期以降の 'do / give / have / make / take' の頻度ランキングを示しており，そこでは 'do' は初期近代英語期以降最も頻度が低くなっている。古英語については，示されていないが，Brinton and Akimoto（1999: 44-47）に見られるように，古英語において「do＋動詞派生名詞」は最も頻度が高いことが分かる。

　Poutsma（1926, II.II: 394-400）はこの構文は現代英語における際立った傾向であるとして，'do'，'give'，'have'，'make' の四つの動詞をあげている。

　Akimoto（1999: 208-216）はこの構文を 'verbo-nominal structure' と呼び，18 世紀，19 世紀の種々のテキストを基に，その構造を特に，コロケーションの観点から考察している。

8.　再帰動詞

　再帰動詞は，英語史において一貫して減少してきたと言われる。たとえば，Jespersen（1961, III: 325）は

'The tendency is towards getting rid of the cumbersome *self*-pronoun whenever no ambiguity is to be feared …'

（曖昧さの恐れがない時はいつでもこの煩わしい self 代名詞を取り除こうとする傾向がある）

と述べているが，一方 Visser（1970, I: 146）はこの方向は現代英語に向かっての傾向というだけでなく，すでに中英語においてもこの「省略」は見られるとして，次のように述べている。

'… it is also wrong to single out the Present Day period as characterized by the tendency to 'drop' the reflexive complement.'

（現代の時期だけを取り上げて，再帰補語を「省略」する傾向が特徴であるとするのは間違いである）

　以下において，現代英語においてあまり使われていないと思われる再帰動詞のいくつかをあげる。

(19)　The young princess *wearied herself* in conjectures on the flight of Izabella …　　　　　　　　　(Walpole: 37)

（その若い王女はイザベラを逃がすことに考えをめぐらすことに疲れてしまった）

(20)　'I have *availed myself of* the permission with which you honoured me—of bidding you farewell …'

(Radcliffe: 101)

（あなたにさようならを言える許可を名誉によりいただきましたが，私はその許可に乗じました）

(21) Alarmed at the sentiments which He was indulging, He *betook himself to* prayer … (Lewis: 67)

(彼はひたっていた感情に驚いて，祈りに専念した)

(22) She *busied herself with* following the aerial creations of the poets. (Shelley: 36)

(彼女は詩人たちの架空の創造物を追っていくことに忙しかった)

(23) Then she *bethought herself of* an Indian cabinet which stood in her sitting-room … (Collins: 76)

(彼女は居間にあるインド製のキャビネットについて考えをめぐらした)

(24) In such happy, healthful activities did Mr Nutt *disport himself* … (Chesterton: 258)

(そのような楽しい，健康的な活動をナット氏は楽しんだ)

(25) 'Do not confuse and *fluster yourself*, Hastings. We are not going to do anything at present.' (Christie: 115)

(混乱したり，取り乱したりするなよ，ヘイスティングズ。今のところこれといってやることはないのだから)

9.　仮定法

Mustanoja (1960: 452) は次のように述べている。

'In the general decay of the inflectional endings which begins in OE, the formal differences between indicative and subjunctive are gradually lost or reduced to a minimum.'

すなわち，語形上直説法と仮定法の区別がなくなり，その結果，'shall (sculan)'，'will (willan)'，'may (magan)'，'must (motan)'などによる迂言的仮定法 (periphrastic subjunctive) がすでに古英語期から現れ始めた。

本書においても'if'によるのが最も普通であるが，倒置による仮定法も，Collins を除いて普通に現れている。Görlach (1999: 73-74) によると，この倒置による仮定法は 19 世紀の英語の特徴である。また，この倒置現象が普通になったのは中英語後期からである (Molencki (1999: 176-179, 254-257)) としているが，OED (*if, conj.* (sb.) 7.) には 1275 年の例がある。さらに Denison (1998: 300) は Archer Corpus における if 節と if のない倒置例を調査し，倒置は減少の傾向にあり，1850 年から 1899 年以降減少しているという。

いわゆる非屈折の仮定法（命令的仮定法）は本書にはほとんど現れず，助動詞を伴った迂言的仮定法がほとんどである。

上述した以外に，仮定法を従えるパターンとして'I would rather'があるが，このパターンは OALD には'would rather … (than)'の形で出ており，'I would rather (that + subjunctive)'の例はない。OED には 1736 年の例がある。

大室 (2018: 164-176) は The Bank of English のデータを基に，'d/would rather S'の例を 473 抽出している。

間接的条件法 (indirect condition) についても簡単に触れておくと，この用語は Quirk et al. (1985: 1047-1146) のものであり，一種の丁寧さに関わる表現と言えよう。史的研究としては，Claridge (2007) がある。彼女は Lampeter Corpus of Early Modern English (1640-1740) を使って，if 節の分析を行ってい

る。その中で‘parenthetical if-clause’と呼ぶものを，‘content-related’な機能を持つものと‘discourse-related’な機能を持つものとに分け，後者に‘hedging’，あるいはメタ言語的働きがあるとしている。本書では，Collins（1868）以降，しばしば使われるようになる。例に関しては，本書参照。

　仮定法の史的発達に関しては，Molencki（1999），そして現代英語の仮定法に関しては，千葉（2013）参照。

10.　動詞＋補文

　一般的に言って，補文構造の変化過程は，‘that’ > to V > ing’と考えられてきたようである（cf. Rohdenburg（1995））。しかしながら，‘to V’から‘ing’への交代はそれほど規則的ではない。逆の例もある。たとえば，‘decline’は‘to V’も‘ing’も取ったが，現代英語では‘to V’しか取らない（cf. OALD（*decline, verb*））。‘prefer’も同様であろう。

　以下，紙面の都合上，現代英語と多少とも異なるパターンのいくつかの例を考察する。

10.1.　Avoid＋to V/ing

　OED（*avoid, v.*†11.）には‘Obs. Or arch. const. of senses 8–10: with *subord. cl.* to avoid *that*; with *inf.* To avoid *to do.*’とあり，本書では Radcliffe（1794）に‘avoid to V’がある。Söderlind（1958: 18）には Dryden から‘to-inf’の例がある。さらに詳しい議論として，Iyeiri（2010: 64–77）および家入（2019）参照。

10.2. Decline＋ing

OED (*decline, v.* 13.b.) には 'Not to consent or agree *to doing*, or *to do* (something suggested, asked, etc.); hence, practically = REFUSE: but without the notion of active response or rejection conveyed by the latter word, and therefore a milder and more courteous expression. (Constr. *vbl. sb.*, *inf.*; also *absol.* or *intr.*)' とあり，本書においても両形（たとえば，Collins）が使われる。現代英語では 'to V' のほうが多いようである。

10.3. Doubt＋to V／ing

OALD も『研究社新英和大辞典』もこのパターンをあげていないが，以下の例のように使われていた。

(26) He *doubted not being* able to secure for Antonia a safe
   refuge …   (Lewis: 247-8)
   （アントニアのために安全な逃げ場所を確保できることに彼は
   疑いを持たなかった）

(27) He *doubted not to retain* the esteem of Men, and even
   the protection of heaven.   (lewis: 227)
   （人々の尊敬及び天国の保護さえ維持できることを彼は疑わな
   かった）

10.4. Endure＋that

OED (*endure, v.* 4.b.) には 'With object inf. (with *to*), subord. cl. or accus. And inf.' とあり，1732 年の that 節の例がある。本書の例も参照。

10.5.　Forbear＋to V／ing

OED (*forbear*, *v.* 6.) には '*absol.* and *intr.* To abstain, refrain. Const. *to* (also†*but*) with *inf.*, also *from,* †for, †of' と説明されている。

Visser (1973: 1871) は "The verb *forbear* is mostly modified by *cannot* or *could not*." と述べている。

Radcliffe では両方使われている。Lewis では 'to V', Shelley では 'ing', Collins では両方, そして Chesterton では 'ing' と作家により使い方が異なることは興味深い。

10.6.　Venture＋ing

OALD には 'venture ing' の例はない。Visser (1973: 1881) には 1690 年の Dryden の例がある。

11.　否定

後期近代英語期には否定の大部分は 'do not' により表されるようになったが, ある種の動詞は 'do not' にる否定形に抵抗してきたものもある。その代表格は 'know' である。その他, 'doubt' や 'mistake' など否定の意味を表す動詞も 'do' の介入なしに, 'not' だけでしばしば使われた。Jespersen (1917: 14) は次のように述べている。

> '… we must here mention *know*, which now takes *do*, but was long used in the form *know not*, thus pretty regularly in the seventeenth and often in the eighteenth and

even in the first part of the nineteenth century.'

（ここで述べておかなければならない動詞として，'know' がある。この動詞は 'do' を取るが，長い間 'know not' の形で使われた。したがって，17 世紀，しばしば 18 世紀，さらには 19 世紀前半に至るまで，'know not' の形が規則的に使われていた）

Tieken-Boon van Ostade（1987: 128–129）は 18 世紀の作家（その中には Walpole も含まれているが，異なる作品である）における 'do-less' 否定文を調べ，次のように述べている。

'… throughout the eighteenth century there are two verbs, *know* and *doubt*, though *know* more than *doubt* (relatively speaking, the *do*-less construction with *know* is more frequent than with *doubt* …), that show a clear resistance towards accepting the periphrastic pattern in informative prose.'

（18 世紀を通して，二つの動詞 know と doubt（相対的には know のほうが doubt より 'do-less' 構文の頻度が高いが），know は教育的散文で迂言的パターンを受け入れることに抵抗している）

その他，'do not' を伴わない例として，'mistake' がある。

(28) … she, *if I mistake not*, is also a young lady of method and order. (Christie: 205)

（もし間違いなければ，彼女は几帳面で，きちんとした若い女性です）

OED（*mistake, v.* 6.）には，次のような興味深い例がある。

(29)　1802 MAR. EDGEWORTH *Moral* T. (1816) I. x. 85
　　　If I don't mistake.

(30)　1891 *Speaker* 2 May 532/2 If we mistake not, he has
　　　put the believers in the guilt of Richard III in a dilem-
　　　ma.
　　　(もし間違いでなければ，彼はリチャード三世の有罪を信じて
　　　いる人々を窮地に追いやったことになった)

12.　Be going to/be about to/preposition＋NP

　このパターンは Radcliffe (1794) にも出てくるが，多くなる
のは Collins (1868) 以降である。'be going to' は特に Christie
に多く使われ，次のように形容詞が来る例も出てきている。

(31)　… it*'s going to* be more difficult.　　　(Christie: 804)
　　　(ますます難しくなりそうだ)

(32)　The situation *is going to* be delicate.　　(Christie: 804)
　　　(状況は微妙なことになりそうだ)

秋元 (2015) では，Archer Corpus を基に，'be going to' の発
達過程を調査した。このパターンは 1850 年頃を境に増え，1950
年以降急速に増え始めた。

　'be about to' は本書からも分かるように，19 世紀から増大し
た (cf. Watanabe (2011))。OED (*about*, *adv*. and *prep*. 12.) には
1535 年から 1871 年までの例があげられている。

　「前置詞＋名詞句＋動名詞」構文は 19 世紀頃から顕著になって
きたが，進行形の発達とも考え合わせると，一時，進行形の代用

をしてきたと考えられる。Poutsma（1929: 844–845）に多くの例がある。また Bolinger（1971）や Rompaey（2014）の議論も参照。

13.　受動態

　秋元（2017: 36）では Sherlock Holmes の受動態の特徴として，

1.　by-agent（＝long passive（Biber et al.（1999）の用語）が多い。
2.　句動詞の受動態が多い。
3.　get-passive は少ない。

の3点があげられているが，本書ではこれらの点を軸に書中に現れた受動態の特徴を見ていくことにする。

　まず，1の特徴に関しては，本書を通して多いようである。各書からの例をあげる。

(33)　… she had already *been delivered by* her guardians
　　　into the hands of Manfred …　　　　　　(Walpole: 15)
　　　（彼女は彼女の守護者たちによりマンフレッドの所に送り届けられた）

(34)　… if thy misfortunes have not *been occasioned by* thy
　　　own fault …　　　　　　　　　　　　　(Walpole: 42)
　　　（もし汝の不幸が汝自身の欠点によりもたらされたのではないとして）

(35)　Soon after this period, her anxiety *was awakened by* the indisposition of her father, who was attacked with a fever … (Radcliffe: 11)

（この時期を過ぎて間もなく，彼女の心配は父の体調不良で呼び起こされた。彼は熱に冒されていた）

(36)　The conversation *was interrupted by* a violent uproar without, in which the voice of the muleteer was heard above every other sound. (Radcliffe: 35)

（会話は外での激しいわめき声で中断された。外ではラバ追いの声が他の音を圧して聞こえた）

(37)　Her features *were hidden by* a thick veil. (Lewis: 9)

（彼女の顔の特徴は厚いベールで隠されていた）

(38)　Her spirits *were oppressed by* the weight of anxiety … (Lewis: 85)

（彼女の精神は心配の重さで抑圧された）

(39)　Last Monday (July 31st) we *were* nearly *surrounded by* ice … (Shelley: 23)

（先週の月曜日（7月31日），われわれは氷にほとんど囲まれていた）

(40)　My senses *were gratified and refreshed by* a thousand scents of delight … (Shelley: 113)

（私の五感はたくさんの喜びの香りで満たされ，爽やかになった）

(41)　I *was roused up by* my daughter Penelope running at me as if the house was on fire. (Collins: 17)

（まるで家が火事にあったがごとく，娘のペネロープが私の所に走って来て，起こされた）

(42) My meditations *were interrupted by* Samuel.

(Collins: 135)

（私の冥想はサミエルによって破られた）

(43) A fierce quarrel broke out, which *was increased by* the two guardsmen ...　　　　(A Scandal in Bohemia: 171)

（激しい喧嘩が起こり，それは二人の番兵により激しさを増した）

(44) I *was informed by* the maid that ...

(The Boscombe Valley Mystery: 205)

（女中により次のことが知らされた）

(45) 'It is true that I have sometimes *been consulted by* the police in cases of peculiar difficulty and importance ...'　　　　　　　　　　　　　　(Chesterton: 178)

（特に困難だったり，重要な事件の場合，警察から相談を受けたのは事実です）

(46) The door *was opened* to them *by* the doctor's old servant, Simon ...　　　　　　　　(Chesterton: 204)

（医者の昔からの召使い，サイモンによってドアが開かれた）

(47) He *was interrupted by* a shout of triumph from the inspector.　　　　　　　　　　　　(Christie: 22)

（警部の勝ち誇った叫びで彼の話は中断された）

(48) The little bourgeois *was* still *thrilled by* the aristocrat.

(Christie: 846)

（その小さなブルジョアはその貴族にいまだに魅せられていた）

2 の句動詞の受動態は，Walpole には見られないようであるが，

時代を経るにつれて使われるようになった。Visser（1973, III:
2127）は，1700–1800 年間に受動態として現れた句をあげてい
るが，その中に 'account for' および 'trifle with' が含まれてい
る。なお，van der Gaaf（1930）によると，句動詞の受動態は
14 世紀以降だという。

　以下はその例である。

(49)　… which may *be accounted for* by considering how
　　　reluctantly we all part.　　　　　　　　　　(Radcliffe: 439)
　　　（いかにわれわれが別れるのがいやだったかを考えれば，説明
　　　できるかもしれない）

(50)　'How is this?　I must not *be trifled with*: and I demand
　　　an answer.'　　　　　　　　　　　　　　　　(Shelley: 142)
　　　（どうしてですか。私を軽く見ないでください。返答を要求し
　　　ます）

(51)　'He happened to *be picked up* by some travelling show
　　　…'　　　　　　　　　　　　　　　　　　　(Chesterton: 67)
　　　（彼はたまたま旅の劇団に拾われたのです）

(52)　'Dyer, of course, *was* not *lost sight of*.'　　(Christie: 266)
　　　（もちろん，ダイヤーを見失っていません）

　一方において，次のように 'by agent' のない受動形も多く見
られる。

(53)　The M. Duroc to whom *allusion had been made* rose
　　　slowly from …　　　　　　　　　　　　　(Chesterton: 653)
　　　（私が言及したそのデュロックさんはゆっくり立ち上がった）

(54) *A search* of his effects was *made* …   (Christie: 266)

(所持品が捜査された)

(55) "Yes. Her bed this morning *had not been slept in* …"

(The Beryl Coronet: 312)

(そう，彼女が今朝ベッドに寝た形跡がない)

(56) … the murderer must *be looked for* inside the house and not outside.   (Christie: 339)

(殺人者は外ではなく家の中にいるにちがいない)

(53) と (54) は動詞派生名詞が主語の場合で，しばしば 'by-agent' が省略される。(55) と (56) は犯人が分からない場合などである。一見すると相反するような 'by agent' の有無であるが，'by agent' があるときは 'end weight/end forcus' の原則 (Quirk et al. (1985: 1356–1362))，すなわち，そこに情報量が高く，ない時は主語のほうに焦点が当たっていると考えられよう。このように，双方の受動態のタイプが状況に応じて使われているということが探偵小説の特徴とも言えよう。

14. Get＋pp./have got to

Givón and Yang (1994) は Chaucer から Mark Twain までの 14 世紀から 20 世紀初頭に至るテキストをデータに，'get-passive' の発達を述べている。それに対して，Hundt (2001) は Archer Corpus に基づき，現れたバリエーションパターンの頻度調査を行い，Givón and Yang (1994) の記述の批判・修正を行っている。紙面の都合上，詳細は述べられないが，本書との関連で

言えば，‘get-passive’が使われるようになったのは 18 世紀頃で，増え始めたのは 19 世紀・20 世紀である（Hundt（2001: 77））。ただ，興味深い点をあげれば，‘get’は文法化しても，文字通りの意味・機能は失わず，一般動詞の用法も保持し続けていること，また，‘get + pp.’は‘get + 再帰代名詞 + pp.’から生じたと思われるが，再帰代名詞の省略はこのパターンに限らず，英語史の流れの中で，この省略が増えてきたという点があるだろう。

　また，‘get-passive’の使用の増加は，‘be going to’の使用の増加と並んで，19 世紀，20 世紀に見られることも，両者の文法化との関連で興味深い。さらに，‘get’の発達は‘have go to’と続く。これは 20 世紀に入り，イギリス英語で多く使われるようになった。Christie には多い。

(57)　‘And what next?’ inquired Japp as hurried down the street. ‘I’*ve got to* report at the Yard, you know.’　(7)

（そして次は何だ？ とわれわれは通りを急ぎながらジャップは尋ねた。ロンドン警視庁に報告しなければなりません，ご存知のように）

(58)　The detective nodded.　‘Well, Monsieur Poirot, what *have* you *got to* say to it all?　Clear as daylight, eh?’ (45)

（探偵は頷いた。それで，ポワロさん，その件で何を言いたいのですか。全くはっきりしていますがね）

15. 構文的イディオム

いわゆる構文的イディオム（constructional idiom）の嚆矢と考えられているのは Fillmore et al. (1988) である（詳しくは，秋元・前田 (2013) 参照）。その後，構文文法などの発展とあいまって，イディオムに関しても研究が進められた。その結果，従来のようにイディオムを分析できない，固定化した要素ではなく，もっと柔軟に捉えるべきであると考えるようになった。その結果，「構文的イディオム」の特徴として，次のようなことがあげられる。

(i) 型がある程度決まっている。

(ii) あまり生産的ではないが，頻度は決して少なくない。

(iii) 各成分からその意味を推論できるが，その意味は，必ずしも文字通りではない。

さらに詳しい議論は，Goldberg and Casenhiser (2006), Jackendoff (2002, 2008) を参照。

以下において，広義の意味で，構文的イディオムと考えられる項目を扱う。

15.1. Be accustomed to

後ろに 'to V' および 'NP' が続くが，'to V' のほうが多いようである。'ing' はほとんど現れていない。

Poutsma (1929, Part I, Second Half: 927) は 'ing' より 'to V' のほうが多いと述べている。

The Moonstone には，ing 形は現れていないが，その後徐々に現れ，Sherlock Holmes の頃はだいたい半々になった。

　現代英語では，ing のほうが普通である（OALD（*accustomed*, *adj.*））。

15.2.　Lest 〜 should

　OED（*lest*）によると，‘lest 〜 should’ の形ではっきり現れるようになったのは 18 世紀中頃（Richardson）のようで，それ以前は ‘should’ の代わりに仮定法が使われていた。18 世紀以降，‘should’ と ‘-s’ なしの動詞（仮定法）が共存していた。本書においてもそれらの例を示した。

　López-Couso（2007）によると，‘lest 〜 should’ の起源は OE ‘þy læs（þe）’（＝by-that less（that））である。古英語から現代英語に至るまで否定の意味合いは保持されているが，同時に ‘Her dread was lest he should hear it’ のように叙述の補語の機能をも持つようになった。「恐れ」述語文の後にしばしば ‘lest 〜’ 形が現れるが，同時に ‘that’ や ‘that zero’ も同時に現れる。

　本書においても，‘dread’ や ‘fear’ のあとに ‘lest 〜 should’ が現れる例は示した。このパターンは本書で扱ったほとんどの作品に現れる。

　なお，Quirk et al.（1985: 1108）は次のように述べている。

　　‘Archaic *lest* tends to have a modal auxiliary or（esp. in AmE）the present subjunctive.’

15.3.　There is no 〜ing / It's no good 〜ing / It's no use 〜ing

　Visser（1966, II: 1100–1101）は "After about 1600 constructions *no* before the form in *-ing* seem to have been more frequently used than affirmative constructions; they mostly imply potentiality." すなわち，1600 年以降 'no ing' が増えてきたこと，そしてそこには法的意味合いがあると述べている。中英語には 'no' の付かない構造が普通であった (Mustanoja (1960: 576))。

(59) 'You see, *it isn't any good going* to the police.

(Christie: 683)

（いいですか，警察に行っても無駄ですよ）

(60) '*It was no use asking* me.' (Collins: 128)

（私に頼んでも無駄でした）

Poutsma (1929: 844-845) にはこのバリエーションの例が多く載っている。Kjellmer (1980) も参照。

'There is no 〜ing' の例に関しては，本書参照。

15.4. Difficulty to V

OED の次例参照。

(61) 1719 I had no *difficulty to cut* it down.

（それを減らしていくことはなんら難しくなかった）

(62) 1875 Socrates has no *difficulty in showing* that virtue is a good.

（ソクラテスは美徳は善であることを示すのはなんら難しくない）

OALD では 'difficulty to V' は不可となっている。

次例は本書からの例である。Radcliffe や Lewis に見られるが，それ以降見られない。

(63) When Annette heard of the arrival of Valancourt, Ludovico had some *difficulty to prevent* her going into the supper-room …　　　　　　　　(Radcliffe: 629-630)

（アネッタがバレンコートの到着を聞いた時，ルードビコは彼女を食堂に行かせないのは難しかった）

(64) … Hercule Poirot found *no difficulty* at all *in dealing* with the coroner for the district.　　　　(Christe: 651)

（ハーキュリー（エルキュール）ポワロはその地域の検死官と取引するのに何ら困難はなかった）

15.5.　By the way

本書との関係で述べれば，'by the way' の使用は 19 世紀初め頃から多く使われるようになった。Akimoto (2013: 40) でも 1900 年以降多く現れていることを示している。

秋元 (2017) において，談話標識 (discourse marker) として，'well'，'then'，'by the way' および 'why' を取り上げたが，本書においては，'by the way' について考察する。'by the way' の discourse marker の発達に関しては，Akimoto (2013) 参照。

Finell (1992) は 'by the way' や 'well' を 'topic changers' (話題転換詞) と呼び，その働きを '"warning signal" that makes the transition from one topic to another less blunt and abrupt' (731)（「警告の合図」で，一つのトピックから他のトピックに移る際，余りぶっきらぼうであったり，唐突にならないようにするためのものである）と述べている。また，'by the way' がこの機能で使われるようになるのは，16 世紀，17 世紀であると言う。

この句は文頭，文中，文末といろいろな位置に現れるが，特に

現代に進むにつれて，文頭に多く現れるようになり，その分，いわゆる主観性が高まる (Adamson (2000) 参照)。

(65) Then he fled to the city, tossing the sword away as he went. *By the way*, Ivan tells me the dead man had a Yankee dollar in his pocket. (Chesterton: 28)

(そこで彼は町の方に逃げた。逃げた時剣を投げ出した。ところで，イワンが言うには，死んだ人間はポケットに米ドルを持っていたそうだ)

(66) 'We must send for the police, and for a doctor, though the doctor comes too late … looking at the room, *by the way*, I don't see how our Italian friend could manage it.' (Chesterton: 580)

(警察そして医者を呼ばなければならない，だが医者は来るのが遅すぎるし … 部屋を見ながら，ところで，どうやってわれわれのイタリア人の友人がやっているのか分からない) (85)

(67) 'What have you done with the little man, *by the way*, Captain Hastings?' (Christie: 133)

(その小さな男を，ところでどうしたのかね，ヘイスティングズ大尉)

(68) 'Good morning, and many thanks to you, doctor, for so kindly answering our questions. *By the way*, you saw no need for an autopsy?' (Christie: 85)

(おはようございます，われわれの質問にかくも親切に答えてくれてありがとうございます，ドクター。ところで検死の必要性はないと)

15.6. Find oneself＋comp

OED (*find, v.* 5.c.) には c. *refl.* "To perceive oneself in a specified place or position, or condition of body or mind." とあり，例としては，Chaucer（1386）から 1873 年までのものが載っている。本書にも，Radcliffe から Christie まで多くの例がある。以下各書からの例をあげる。なお，'comp' としてまとめた中には形容詞，現在分詞，過去分詞，副詞句，前置詞句などが含まれる。

(69) 'I am glad to *find myself in my own house* again,' said she …   (Radcliffe: 113)
(再び自分自身の家に戻れて嬉しい，と彼女は言った)

(70) He looks round, and *finds himself alone* in the Universe …   (Lewis: 53)
(彼はあたりを見回し，この世で一人であることが分かった)

(71) When I recovered, I *found myself surrounded* by the people of the inn …   (Shelley: 189)
(気がつくと，宿屋の人々に囲まれている自分を発見した)

(72) If Sergeant Cuff had *found himself*, at that moment, *transported* to a desert island …   (Collins: 165)
(もし巡査部長のカフがあの瞬間自分自身が無人島に連れ去られていたとしたら)

(73) "… but we wedged in as well as we could and soon *found ourselves in the offic*e."   (Sherlock Holmes: 180)
(でもできるだけうまく押し込んで，すぐに事務所に着きました)

(74) In a few moments the rather baffled Flambeau *found himself in a presence of* a man ...　　　(Chesterton: 292)

（すぐに多少当惑したフランボーは男のいる前に自分自身がいることが分かった）

(75) It was a very short time afterwards that Hercule Poirot *found himself sitting* opposite to the woman ...

(Christie: 693)

（すぐ後になって，ハーキュリー（エルキュール）ポワロは女性と向かい合って座った）

15.7.　The＋ing

Visser（1966, II: 1210-1217）の説明によると，次のようなパターン 'the reading the book' と 'the reading of the book' は1500 年以降共に使われ，多分スタイルの問題であったが，18 世紀以降，規範文法家の批判などもあり，前者のパターンは衰退していった。さらに抽象名詞の使用例：'the losing of' → 'the loss of', 'the improving of' → 'the improvement of' が取って代わっていった（Fanego（1998: 114）にも同様な言及がある）。Söderlind（1958: 187-188）には Dryden（1631-1700）からの例，および 'ing' と名詞構文の混在の例が載っている。

(76) ... she did not dare to avow *the having seen* that spectacle in the portal-chamber ...　　　(Radcliffe: 342)

（玄関口の部屋でそのような光景を見たとはあえて公言しなかった）

(77)　… and that his next step should be *the uniting* her hand to his.　　　　　　　　　　　　　(Lewis: 174)

（そして彼の次の手は彼女と結婚することである）

Chesterton には次のような主語に 'ing' を使った例がある。

(78)　'Mr Todhunter … is learning to be a professional conjurer, as well as juggler … *the conjuring* explains the hat … *The juggling* explains the three glasses …'

(Chesterton: 187)

（トッドハンターさんはプロの曲芸師はもちろんプロの手品師を目指しています。手品をすることにより，その帽子のことは説明できる。曲芸することで，その三つのグラスの説明ができます）

15.8.　Take prisoner(s)

Radcliffe (43) に現れる 'take prisoner(s)' パターンは Berlage (2012: 40) によると，1500 年頃現れたようである。興味深い点は 'take' との結合で，'prisoner(s)' が単複両形で使われそこには不定冠詞 'a' が介在しないということである。以下の例では，最初の例は主語が複数なので，一致して 'prisoners' に，2 番目の例は主語が単数なので 'prisoner' として現れている。

(79)　'They were *taken prisoners*, perhaps?' said Emily. (361)

（彼らは多分捕らわれたのですね，とエミリーは言った）

(80)　… when he was *taken prisoner* …　(427)

（彼が捕まった時）

　Radcliffe の例ではすべて受動形で現れているが，能動形もありうる。ただし，この場合，目的語が必要のようである。

(81)　1678 The Infernal Conjurer Pursu'd and took me prisoner.　　　　　　　　　　　(OED BUTLER Hud. III. 120)
　　　（地獄の魔法使いが追いかけて，私を捕えた）

『研究社新英和大辞典』には，'make[take] a person prisoner' の例が載っている。

　Berlage (2012) は 'take prisoner' を軽動詞構文 (light verb construction) と呼び，文法化 (grammaticalization)，語彙化 (lexicalization) 双方含んだ過程と考える。すなわち，文法化の特徴を持つものとして，'take' の意味の漂白化 (bleaching) と 'take＋NP' パターンの生産化，語彙化の特徴として，'take prisoner' の固定化，そして 'prisoner' が '-s' を失うことによる名詞の脱範疇化 (decategorialization) をあげている。しかしながら，あえて批判的に考えると，'take' の本来の意味「捕える」は残っており，完全に漂白化したとは言えないであろうし，'prisoner' は常に '-s' のない形で現れるわけではなく，'prisoners' も使われることを考えると，これも全く名詞の脱範疇化とは言えないであろう。

参 考 文 献

テキスト

Walpole, Horace (1717-97), *The Castle of Otranto* (1991), edited by W. S. Lewis and Joseph W. Reed, Jr. Oxford University Press, Oxford / New York.

Radcliffe, Ann (1764-1823), *The Mysteries of Udolpho* (2001), ed. by Jacqueline Howard, Penguin Books, London.

Lewis, Matthew Gregory (1775-1818), *The Monk* (1998), ed. by Howard Anderson and Emma McEvoy, Oxford University Press, Oxford / New York.

Shelley, Mary (Wollstonecraft) (1797-1851), *Frankenstein* (1992), ed. by Maurice Hindle, Penguin Books, London.

Collins, Wilkie (1824-1889), *The Moonstone* (1999), ed. by John Sutherland, University Press, Oxford.

Doyle, Arthur Conan (1859-1930), *The Penguin Complete Sherlock Holmes by Sir Arthur Conan Doyle* (2009), foreward by Ruth Rendell, Penguin Books, London

Chesterton, Gilbert Keith (1874-1936), *The Complete Father Brown Stories* (2012), ed. by Michael D. Hurley, Penguin Books, London.

Christie, Agatha (1890-1976), *Hercule Poirot The Complete Short Stories* (1999), Harper, London.

辞書・著書・論文

Aarts, Bas, María José López-Couso and Belén Méndez-Naya (2012) "Syntax," *English Historical Linguistics*, Vol. 1, ed. by Alexander Bergs and Laurel J. Brinton, 869-887, De Gruyter Mouton, Berlin / Boston.

180

Adamson, Sylvia (2000) "Lovely Little Example: Word Order Options and Category Shift in the Premodifying String," *Pathways of Change: Grammaticalization in English*, ed. by Olga Fischer, Anette Rosenbach and Dieter Stein, 39–66, John Benjamins, Amsterdam / Philadelphia.

Akimoto, Minoji (1999) "Collocations and Idioms in Late Modern English," *Collocational and Idiomatic Aspects of Composite Predicates in the History of English*, ed. by Laurel Brinton and Minoji Akimoto, 207–238. John Benjamins, Amsterdam / Philadelphia.

Akimoto, Minoji (2000) "The Grammaticalization of the Verb 'Pray'. *Pathways of Change: Grammaticalization in English*, ed. by Olga Fischer, Anette Rosenbach and Dieter Stein, 67–84. John Benjamins, Amsterdam / Philadelphia.

Akimoto, Minoji (2013) "On the Development of the Subjective and Discoursal Functions of *by the way*," *Studies in Modern English*, ed. by Ken Nakagawa, 37–50. Eihosha, Tokyo.

秋元実治（編）(2010)『Comment Clause の史的発達──その機能と発達──』英潮社フェニックス，東京.

秋元実治 (2014)『増補文法化とイディオム化』ひつじ書房，東京.

秋元実治 (2015)「*Be going to* 再考」『よき代案を絶えず』, 江頭浩樹・北原久嗣・中澤和夫・野村忠央・大石正幸・西前明・鈴木泉子（編），120–129，開拓社，東京.

秋元実治 (2017)『Sherlock Holmes の英語』（開拓社　言語・文化選書 65），開拓社，東京.

秋元実治 (2019)「Victorian Novels の文体と文法」『英語教師のための英語史』，片見彰夫・川端朋広・山本史歩子（編），186–205，開拓社，東京.

秋元実治・前田満（編）(2013)『文法化と構文化』ひつじ書房，東京.

Arnaud, Rene (1998) "The Development of the Progressive in 19th Century English: A Quantitative Survey," *Language Variation and Change* 10, 123–152.

Berlage, Eva (2012) "At the Interface of Grammaticalization and Lexicalization: The Case of *Take Prisoner*," *English Language and Lin-*

guistics 16, 35–55.

Biber, Douglas, Stig Johanssan, Geoffrey Leech, Susan Conrad and Edward Finegan (1999) *Longman Grammar of Spoken and Written English*, Longman, London.

Bolinger, Dwight (1971) "A Further Note on the Nominal in the Progressive," *Linguistic Inquiry* 2, 584–586.

Brinton, Laurel J. (2006) "Pathways in the Development of Pragmatic Markers in English," *The Handbook of the History of English*, ed. by Ans van Kemenade and Bettelou Los, 307–334, Blackwell, Oxford.

Brinton, Laurel J. (2008) *The Comment Clause in English*, Cambridge University Press, Cambridge.

Brinton, Laurel J. and Minoji Akimoto, eds. (1999) *Collocational and Idiomatic Aspects of Composite Predicates in the History of English*, John Benjamins, Amsterdam / Philadelphia.

Bromhead, Helen (2009) *The Reign of Truth and Faith: Epistemic Expressions in 16th and 17th Century English*, Mouton de Gruyter, Berlin and New York.

Chen, Guohua (1998) "The Degrammaticalization of Addressee-Satisfaction Conditions in Early Modern English," *Advances in English Historical Linguistics*, ed. by Jacek Fisiak and Marcin Krygier, 23–32, Mouton de Gruyter, Berlin / New York.

千葉修司 (2013)『英語の仮定法 ── 仮定法現在を中心に ──』(開拓社叢書 23), 開拓社, 東京.

Claridge, Claudia (2007) "Conditionals in Early Modern English texts," *Connectives in the History of English*, ed. by Ursula Lenker and Anneli Meurman-Solin, 229–254, John Benjamins, Amsterdam / Philadelphia.

Denison, David (1998) "Syntax," *The Cambridge History of the English Language*, ed. by Suzanne Romaine, 92–329, Cambridge University Press, Cambridge.

Fanego, Teresa (1998) "Developments in Argument Linking in Early Modern English," *English Language and Linguistics* 2, 87–119.

Fillmore, Charles J., Paul Kay and Mary C. O'Connor (1988) "Regularity and Idiomaticity in Grammatical Constructions: The Case of *Let Alone*," *Language* 75, 501–538.

Finell, Anne (1992) "The Repertoire of Topic Changers in Personal, Intimate Letters: A Diachronic Study of Osborne and Woolf," *History of Englishes*, ed. by Matti Rissanen, Ossi Ihalainen, Terttu Nevalainen and Irma Taavitsainen, 720–735, Mouton de Gruyter, Berlin and New York.

Gaaf, van der (1930) "The Passive of a Verb Accompanied by a Preposetion," *English Studies* 12, 1–24.

Givón, T. and Lynne Yang (1994) "The Rise of the English GET-Passive," *Voice: Form and Function*, ed. by Barbara Fox and Paul J. Hopper, 119–149, John Benjamins, Amsterdam / Philadelphia.

Goldberg, Adele E. and Devin Casenhiser (2006) "English Constructions," *The Handbook of English Linguistics*, ed. by Bas Aarts and April McMahon, 343–355, Blackwell, Oxford.

Görlach, Manfred (1999) *English in Nineteenth-Century English*, Cambridge University Press, Cambridge.

Hundt, Marianne (2001) "What Corpora Tell Us about the Grammaticalization of Voice in *Get*-constructions," *Studies in Language* 25, 49–88.

Iyeiri, Yoko (2010) *Verbs of Implicit Negation and Their Complements in the History of English,* John Benjamins / Yushodo Press, Amsterdam / Philadelphia.

家入葉子 (2019)「T*he Oxford English Dictionary* の例文データと Early Modern English Prose Selections」『コーパスと英語史』，堀正広・赤野一郎（監修），西村秀夫（編），97–127，ひつじ書房，東京.

Jackendoff, Ray (2002) *Foundations of Language*, Oxford University, Oxford.

Jackendoff, Ray (2008) "Construction after Construction and its Theoretical Challenges," *Language* 84, 8–28.

Jespersen, Otto (1917) *Negation in English and Other Languages*, Andr. Fred, Host & Son, Kgl, Hof-Boghandel, Copenhagen.

Jespersen, Otto（1961）*A Modern English Grammar on Historical Principles*, Vol. III, Ejnar Munksgaard. London: George Allen & Unwin LTD／Copenhagen.

Kjellmer, Goran（1980）"'There Is No Hiding You in the House' on a Modal Use of the English Gerund," *English Studies* 61, 47–60.

Kytö, Merja, Mats Ryden and Erik Smitterberg, eds.（2006）*Nineteenth-Century English*, Cambridge University Press, Cambridge.

小林隆（2018）「I mean と I know の使用の傾向と動機を探る──語用論からみた評言節」『英語学が語るもの』, 米倉綽・中村芳久（編）, 179–197, くろしお出版, 東京.

López-Couso, María José（2007）"Adverbial Connectives within and beyond Adverbial Subordination: *The History of Lest*," *Connectives in the History of English*, ed. by Ursula Lenker and Anneli Meurman-Solin, 11–27, John Benjamins, Amsterdam／Philadelphia.

Molencki, Rafał（1999）*A History of English Counterfactuals*, Wydawnictwo Uniwersytetu Slaskiego, Katowice.

Mondorf, Britta（2011）"Variation and Change in English Resultative Constructions," *Language Variation and Change* 22, 397–421.

Mustanoja, Tauno F.（1960）*A Middle English Syntax*, Part I, Société Néophilologique, Helsinki.

Nunberg Geoffrey, Ivan A. Sag and Thomas Wasow（1994）"Idioms," *Language* 70, 491–538.

大室剛志（2019）『ことばの基礎2　動詞と構文』研究社, 東京.

Ousby, Ian（1993）*The Cambridge Guide to Literature in English*, Cambridge University Press, Cambridge.

Övergaard, Gerd（1995）*The Mandative Subjunctive in American and British English in the 20th Century*. Uppsala: Acta Universitatis Upsaliensi and Stockholm: Almqvist and Wiksell, Uppsala.

OALD = *Oxford Advanced Learner's Dictionary*. New 9th Edition. Oxford／旺文社.

OED = *Oxford English Dictionary*. 2nd Edition（1989）, ed. by Simpson, John A. and Edmund S. C. Weiner, Clarendon Press, Oxford.

Peitsara, Kirsti（1997）"The Development of Reflexive Strategies in

184

English," *Grammaticaliztion at Work*, ed. by Matti Rissanen, Merja Kyto and Kirsi Heikkonen, 277–370, Mouton de Gruyter, Berlin/New York.

Palander-Collin, Minna (1997) "A Medieval Case of Grammaticalization, *Methinks*," *Grammaticalization at Work*, ed. by Matti Rissanen, Merja Kytö and Kirsi Heikkonen, 371–403, Mouton de Gryuter, Berlin/New York.

Poutsma, Hendrik (1926) *A Grammar of Late Modern English*, II, II, Noordhoff, Groningen.

Poutsma, Hendrik (1929) *A Grammar of Late Modern English*, Part I, Second Half. Noordhoff, Groningen.

Quirk, Randolph, Sidney, Greenbaum, Geoffrey Leech and Jan Svartvik (1985) *A Comprehensive Grammar of the English Language*, Longman, London.

Rohdenburg, Günter (1995) "On the Replacement of Finite Complement Clauses by Infinitives in English," *English Studies* 76, 367–388.

Rompaey, Tinne van (2014) "A Comparison of Progressive *Be* V-*Ing* with *Be in the Middle, Midst, Process or Act of* V-*Ing*: The Interaction of Lexical and Grammatical Progressive Aspect," *Transactions of the Philological Society*, 112–2, 188–208.

Rydén, Mats (1984) "The Study of Eighteenth Century English Syntax," *Historical Syntax*, ed. by Jacek Fisiak, 509–520, Mouton, Berlin.

Schmidt, Alexander (1971) *Shakespeare Lexicon and Quotation Dictionary*, 2 vols, Dover, New York.

Söderlind, Johannes (1958) *Verb Syntax in John Dryden's Prose*, Part II, A.-B. Lundequistska Bokhandeln, Uppsala.

Tieken-Boon van Ostade, Ingrid (1987) *The Auxiliary Do in Eighteenth-Century English*, Foris, Dordrecht.

Traugott, Elizabeth Closs (1999) "A Historical Overview of Complex Predicate Types," *Collocational and Idiomatic Aspects of Composite Predicates in the History of English*, ed. by Brinton, Laurel J.

and Minoji Akimoto, 239–260, John Benjamins, Amsterdam／Philadelphia.

Visser, F. Th. (1966) *An Historical Syntax of the English Language*, II, E. J. Brill, Leiden.

Visser, F. Th. (1973) *An Historical Syntax of the English Language*, III, Second Half, E. J. Brill, Leiden.

Watanabe, Takuto (2011) "On the Development of the Immediate Future Use of *be about to* in the History of English with Special Reference to Late Modern English," *English Linguistics* 28, 56–90.

Wischer, Ilse (2000) "Grammaticalization and Lexicalization: 'Methinks' There Is Some Confusion," *Pathways of Change: Grammaticalization in English*, ed. by Olga Fischer, Anette Rosenbach and Dieter Stein, 355–370, John Benjamins, Amsterdam／Philadelphia.

山本史歩子 (2018)「後期近代英語」『英語教師のための英語史』, 片見彰夫・川端朋広・山本史歩子 (編), 162–185, 開拓社, 東京.

索　引

1. 索引は事項と人名に分けてある。それぞれ，日本語はあいうえお順，英語は ABC 順に並べてある。
2. 数字はページ数字を示す。

事　項

秋元　実治　（あきもと　みのじ）

　東京大学大学院人文科学研究科博士課程満期退学。現在，青山学院大学名誉教授，文学博士。

　主な業績：*Idiomaticity*（Shinozaki Shorin, 1983），*Collocational and Idiomatic Aspects of Composite Predicates in the History of English*（Co-work with Laurel J. Brinton, John Benjamins, 1999），『文法化 ― 研究と課題』（編，英潮社，2001），『文法化 ― 新たな展開』（共編著，英潮社，2005），『*Comment Clause* の史的研究 ― その機能と発達 ―』（編，英潮社フェニックス，2010），『文法化と構文化』（共編著，ひつじ書房，2013），『増補文法化とイディオム化』（ひつじ書房，2014），『日英語の文法化と構文化』（共編著，ひつじ書房，2015），"On the functional change of *desire* in relation to *hope* and *wish*"（*Developments in English: Expanding Electronic Evidence*, ed. by Irma Taavitsainen, Merja Kytö, Claudia Claridge and Jeremy Smith, Cambridge University Press, 2015），『*Sherlock Holmes* の英語』（開拓社，2017）など。

探偵小説の英語
― 後期近代英語の観点から ―　　　　　　　　　＜開拓社 言語・文化選書 86＞

2020 年 6 月 27 日　第 1 版第 1 刷発行

著作者　　秋 元 実 治
発行者　　武 村 哲 司
印刷所　　日之出印刷株式会社

発行所　　株式会社　開 拓 社
〒113-0023 東京都文京区向丘 1-5-2
電話　（03）5842-8900（代表）
振替　00160-8-39587
http://www.kaitakusha.co.jp